당신의 행동에 숨겨진
일곱 가지 치명적인 죄

KILLJOYS: THE SEVEN DEADLY SINS

ⓒ 2015 by Desiring God
Originally published in English by Desiring God with all foreign language
ministry rights owned by Desiring God
2112 BROADWAY ST NE, STE 150
MINNEAPOLIS, MN 55413

This edition published by arrangement with Desiring God.
All rights reserved.

Korean Edition published by Word of Life Press, Seoul 2021.
Printed in Korea.

당신의 행동에 숨겨진
일곱 가지
치명적인 죄

ⓒ 생명의말씀사 2021

2021년 9월 13일 1판 1쇄 발행
2025년 6월 2일   4쇄 발행

펴낸이 | 김창영
펴낸곳 | 생명의말씀사

등록 | 1962. 1. 10. No.300-1962-1
주소 | 서울시 종로구 경희궁1길 6 (03176)
전화 | 02)738-6555(본사) · 02)3159-7979(영업)
팩스 | 02)739-3824(본사) · 080-022-8585(영업)

기획편집 | 유영란
디자인 | 조현진
인쇄 | 주손디앤피
제본 | 주손디앤피

ISBN 978-89-04-16767-8 (03230)

저작권자의 허락없이 이 책의 일부 또는 전체를
무단 복제, 전재, 발췌하면 저작권법에 의해 처벌을 받습니다.

당신의 행동에 숨겨진
일곱 가지 치명적인 죄

존 파이퍼 외 지음
마셜 시걸 엮음
이지혜 옮김

생명의말씀사

지은이 소개

존 파이퍼(John Piper)는 desiringGod.org의 설립자이다. 미니애폴리스 베들레헴신학교 총장으로 베들레헴침례교회에서 30년 넘게 목회했다. 『하나님을 기뻐하라』, 『삶을 허비하지 말라』(이상 생명의말씀사) 등 50여 권의 저서가 있다. desiringGod.org에서 30년에 걸친 그의 설교와 교수 사역 자료를 볼 수 있다. 아내 노엘과의 사이에 네 아들과 딸 하나, 손주 열둘을 두었다.

데이비드 마티스(David Mathis)는 desiringGod.org의 편집장이자 미니애폴리스에 있는 시티즈교회 목사, 베들레헴신학교 겸임 교수다. 존 파이퍼와 여러 책을 공저했으며 『은혜 받는 습관』(생명의말씀사)의 저자이다. 데이비드와 그의 아내 메건에게는 세 자녀가 있다.

토니 레인케(Tony Reinke)는 desiringGod.org의 필진이자 콘텐츠 기획자이며 'Ask Pastor John' 팟캐스트 운영자이다. 『독서신학』(부흥과개혁사), 『스펙터클 문화 속의 그리스도인』(개혁된실천사) 등을 저술했다. 아내와 세 자녀와 함께 트윈 시티즈에 살고 있다.

조 리그니(Joe Rigney)는 베들레헴신학교의 신학과 기독교 세계관 조교수다. 저서로 『용기, 온전한 사랑의 확신』(생명의말씀사)이 있다. 아내와 두 아들과 함께 미니애폴리스에 거주한다.

제이슨 마이어(Jason Meyer)는 베들레헴침례교회 목사이자 베들레헴신학교의 신약학 부교수이다. 남침례신학교에서 박사 학위를 받았고 루이지애나대학에서 교목 겸 기독교학 조교수를 역임했다. 저서로 *Preaching: A Biblical Theology* 등이 있다.

조나단 바워스(Johnathon Bowers)는 미니애폴리스에 있는 베들레헴신학교에서 신학과 기독교 세계관을 가르치며 남침례신학교에서 박사 과정을 밟고 있다. 미니애폴리스에서 아내 크리스탈과 아들 찰리와 함께 살고 있다.

라이언 그리피스(Ryan Griffith)는 미니애폴리스 베들레헴신학교의 기독교 세계관 조교수이자 통합 커리큘럼 디렉터다. 베들레헴신학교에서 성경 연구와 교회사, 문학을 가르친다. 남침례신학교에서 박사 과정을 밟고 있다.

조너선 파넬(Jonathan Parnell)은 desiringGod.org의 필진이자 콘텐츠 기획자다. 미니애폴리스-세인트폴에 있는 시티즈교회의 목사로, 그곳에서 아내 멜리사와 다섯 자녀와 함께 살고 있다. *How to Stay Christian in Seminary*의 공저자다.

마셜 시걸(Marshall Segal)은 desiringGod.org 대표이자 CEO이다. 웨이크포레스트대학교와 베들레헴신학교를 졸업했다. 미니애폴리스에 살면서 베들레헴침례교회에 출석하고 있다. 『아직 결혼하지 않은 당신에게』(생명의말씀사)의 저자다.

차례

들어가는 글 _ 마셜 시걸   08

인류의 일곱 정부 / 온전하고 영원한 행복 / 우리는 전쟁 중이다

1장 죄에 대한 짧은 역사 _ 라이언 그리피스   24

죄의 근원 살피기 / 질병을 진단하기 / 일곱 죄, 한 소망

2장 교만 _ 제이슨 마이어   34

교만에 대한 현장 설명서 / 교만의 반대 이미지 / 교만한 자아를 물리치는 세 가지 강타 / 영광을 바라보고 죄와 싸우기

3장 시기 _ 조 리그니   52

늑대 떼 / 천의 얼굴을 가진 적 / 용을 죽이는 법 / 시기의 눈으로 보기 / 우리 내면의 늑대를 찾아서 / 시기의 세 가지 적

4장 분노 _ 조너선 파넬   74

분노의 의미를 찾아서 / 나이와 상관없는 분노 / 다른 죄보다 더 치명적인 / 좋은 사람, 나쁜 사람, 분노하는 사람 / 사랑과 분노는 무슨 관계가 있는가? / 분노라는 광기에 대처하는 방식

5장 나태 _ 토니 레인케   96

게으름뱅이 / 일중독자 / 무기력한 사람 / 나태와 여유 / 세상에서, 교회를 위해, 마음으로부터 / 머리가 셋 달린 나태 처단하기

6장 탐욕 _ 데이비드 마티스   112

성경과 우리의 내면 / 좋은 욕구가 잘못될 때 / 극악하고 치명적이며 음흉한 주인 / 탐욕을 물리치는 전략 / 그리스도 안에 있는 만족 / 동정, 너그러움, 희생 / 현실적이지만 상대적인 기준 / 나의 가장 큰 소유

7장 탐식 _ 조나단 바워스   136

탐식이란 무엇인가? / 싸움의 전략

8장 정욕 _ 존 파이퍼   154

정욕은 대상을 존중하지 않는다 / 정욕은 하나님을 저버린다 / 정욕의 치명적인 위험 / 정욕과 영원한 보장 / 의롭다 하는 믿음은 정욕과 싸우는 믿음이다 / 더 큰 복음 / 우리는 하나님을 알 수 있다 / 마음이 청결한 자는 하나님을 볼 것이요 / 정욕과 싸우는 전략: ANTHEM

들어가는 글

_ 마셜 시걸

조의 아내가 집을 나갔다. 물론 어젯밤은 요 며칠과 별로 다르지 않았다. 전에도 여러 차례 비슷한 일이 있었다. 하지만 이번에는 달랐다. 방임, 외도, 거짓말이 쌓여 그들의 결혼과 가정생활을 무섭게 위협했다. 여섯 달 만에 남자가 셋이라니? 더 있지는 않을까 두려웠다. 아내는 자기 손으로 번번이 가정을 망가뜨렸다. 가계 생활비를 다른 남자에게 퍼 주고, 불륜에 또 이어지는 불륜, 온라인 데이트에 돈을 낭비했다.

한때 단란했던 결혼생활은 악몽으로 변했다. 행복했던 신혼 초가 너무도 아득한 옛일처럼 느껴졌다. 그런 좋은 시절이 정말로 있었는지 모두 거짓말 같았다. 두 자녀는 꼼짝없이 피해자였다. 조는 아이들을 사랑했지만 아내는 아이들을 내팽개쳤다. 아이들은 절망스럽고 비참한 상황에서 태어나고 길러졌다. 조는 늘 상황이 바뀌기만을 바랐다. 심지어 상황이 달라질 거라고 아이들에게 약속하기도 했다. 아이들이 평생 겪어 온 외로움과 배신이 소망과 소속감과 사랑으로 바뀔 거라고 믿었다.

그날 밤, 조는 혼란스럽고 상처받은 아이들에게 어떻게 말해야 할지 모르겠어서 아이들 침대 사이에 무릎을 꿇고 앉아 기도했다.

"하나님, 소중한 우리 아이들의 엄마이자 제 아내를 이 멸망과 자기 파괴의 길에서 건져 주십시오. 아내는 자신이 그렇게도 바라는 보호와 애정을 얻을 수 있다고 믿으면서 다른 연인을 쫓아 우리를 떠났습니다. 우리와 한 약속들과 우리가 함께 세운 가정에게서 도망치는 한, 아내는 불만과 공허함과 외로움만 느낄 것입니다. 언젠가 아내가 절망과 간절함을 느낄 때 우리를 기억하고 가족에게 돌아와 다시 아내와 엄마가 되어 주기를 기도합니다. 아내가 집으로 돌아오기만 한다면, 마치 결혼식을 올렸던 날처럼 제 두 팔과 마음으로 아내를 맞아들일 겁니다. 아내가 한 번도 집을 나간 적이 없었다는 듯 저는 아내를 사랑할 겁니다. 당신의 이름을 위하여 아내를 집으로 보내 주십시오. 아멘"(참조. 호 2:5-7).

몇 년 후, 어느 무덥던 8월 오후에 조는 동네 공원을 가로질러 시내로 걸어가고 있었다. 이제는 10대가 된 큰애가 부엌에

숙제를 두고 가서 학교로 가져다주는 길이었다. 평소에는 사무실에서 나와 걷는 동안 휴식과 운동을 즐길 수 있었지만, 오늘은 그리 편한 날씨가 아니었다. 폭염이 기승을 부리면서 사상 최고 기온을 기록했고, 사람들 대부분이 저녁때까지 건물 안에 숨어 있었다. 그런데 한 여자가 눈에 띄었다. 그녀는 단정치 못한 차림에 지치고 자포자기한 듯 보였다. 여자는 공공 음수대에 딱 붙어서 마지막 한 방울까지 짜내고 있었다. 손을 놓치면 익사라도 할 것처럼 절박해 보였다. 가까이 다가가니 얼굴을 알아볼 수 있었다.

"한나…… 당신이에요?"

조는 여자의 눈을 들여다보고, 너무나도 익숙한 그 얼굴을 바라보았다. 그의 마음을 그토록 아프게 한 여자였다. 그녀는 아직 그의 아내였다. 그녀는 누가 지나가면서 자신의 수치심을 발견하기라도 할까 봐 두려운 듯 불편한 시선으로 주변을 둘러보았다. 그녀는 작은 것을 얻기 위해 너무도 많은 것을 잃었다. 정말 좋은 남편의 공급과 안전과 친밀함을 내팽개치고, 잠깐의 쾌락과 끔찍하고 파괴적인 선택이 쳇바퀴처럼 반복되는 일상을 택했다. 다른 남자들은 늘 더 멋있어 보였지만, 그들은 진심으로 그녀를 사랑한 적이 없었고 관계도 오래가지 못했다.

"여기서 뭘 해요, 한나?"

"달리 갈 데가 없어서요. 그 사람한테서 도망쳐야 했어요……. 피곤하고 무섭고 목말라요."

"집으로 가요. 필요한 건 뭐든 내가 챙겨 줄게요. 내가 당신을 보호해 줄게요. 다시는 목마를 일 없을 거예요."

어색한 침묵의 순간이 얼마간 흐른 후, 그녀는 상실감에 싸여 다시 그를 올려다보았다. 당황스럽고 부끄러웠다. 그는 미소 짓고 있었다. 두 사람의 첫 데이트 때 그의 얼굴에서 본 귀엽고 순진하고 유쾌한 미소가 아니었다. 그보다 더 깊고 정제되고 든든한 미소였다. 그는 "사랑해요, 여보!"라고 말했다. 여자는 눈앞에 보이는 광경과 귀에 들리는 소리를 믿을 수가 없었다.

"당신은 내가 무슨 일을 저지르고 다녔는지 몰라요……. 어디서, 어떻게 지냈는지."

"아뇨, 알아요. 그 남자들을 다 알아요. 지금 당신 아파트에 사는 남자와 그전에 있었던 여섯 명도요. 그 사람들 이름도 다 알죠. 여보, 이제 집으로 갑시다."

"싫어요. 당신은 몰라요. 저는 자격이 없어요."

"여보, 당신이 자격이 있어서 사랑한 게 아니에요. 당신이 내 아내라서 사랑했소. 당신이 집을 나가 다른 남자를 만났다고 해도 **나는 당신을 영원히 아내로 맞아들이고 당신을 정의와 공평으로 대할 거예요.** 당신이 우리의 사랑과 가족을 떠났다고 해도 **나는 당신에게 변함없는 사랑과 긍휼을 보여 줄 거예요.** 당신이 우리의 서약을 더럽히고 약속을 지키지 못했다고 해도 **나는 당신과 맺은 결혼에 신실할 거예요.**"

인류의 일곱 정부

"……그러면 너는 나 주를 바로 알 것이다"(호 2:19-20, 새번역).

우리 각 사람은 한나다. 그리고 우리의 일곱 정부(情婦)는 교만, 시기, 분노, 나태, 탐욕, 탐식, 정욕이다. 배신을 당하고도 신실함을 잃지 않는 남편은 바로 예수님, 곧 우리의 첫사랑이자 잃어버린 사랑, 우리의 새로운 사랑이시다.

물론 이 일곱 가지 외에 다른 죄도 있고, 이 일곱 죄를 부르는 다른 방법도 있다. 하지만 이 일곱 가지 죄는 인류 역사에서 가장 문란하고 만연했다. 이 죄들은 익숙하면서도 낯선 사창가 여인들과 같다. 이 죄들이 익숙한 까닭은 세상 모든 사람이 하룻밤 인연이든 평생 가는 불륜이든 이들을 경험해 보았기 때문이다. 이들은 모든 세대를 거쳐 모든 대륙, 모든 사회의 죄인을 유혹했다. 하지만 이들은 낯설기도 하다. 극소수만이 군중 가운데서도 알아볼 수 있을 정도로 그 얼굴을 자세히 들여다보거나 그들이 입힌 피해를 조사하기 때문이다.

이 정부들은 자신을 위장한 채 겉보기에는 해가 되지 않을 법한 상황과 대화로 슬며시 들어와서 우리의 사랑과 헌신에 깊숙이 자리한다. 그리고 나서 상황이 엉망이 되고 폭발하기 시작하면, 피식 웃음을 터뜨린다. 이들은 아름다운 외모를 지녔지만, 속사포 같은 거짓말을 숨처럼 내쉬는 가장 악랄하고도 위험한 본드 걸(Bond girls)이다. 이들의 거짓말은 말이 안 되지만, 희한하게도 달콤하고 설득력이 있다.

'교만'이란 애인은 자신을 하나님 위에 놓는다. 그녀는 어리석고 위험하게도 하나님과 우열을 다투며 하나님께 반대하고 그분의 분노를 부른다. '시기'는 다른 사람들이 복 받고 잘되는 모습을 보면서 불행을 느낀다. 남이 성공하면 배가 아프고, 남이 실패하면 남몰래 미소를 짓는다. 불의한 '분노'는 결함이 있는 사랑을 보호하려고 몹시 애쓴다. 이기적인 그녀는 부적절한 일들에는 폭발하지만 하나님을 불쾌하게 하고 욕되게 하는 일들은 간과하고는 한다. '나태'는 자신의 안락함을 유지하고자 삶을 통제하려 애쓴다. 다른 사람들의 필요 때문에 방해받는 것을 몹시도 무서워한다. 그녀는 게으른 영혼의 소유자라서 하나님께 싫증을 내고 결국은 서서히 죽음을 맞을 것이다. '탐욕'은 부와 소유에 대한 지나친 욕망으로 그 피해자를 사로잡는다. 그녀는 탐내지 말아야 할 것을 탐내거나, 탐낼 만한 것을 너무 조급하게 간절히 원한다. '탐식'은 자신의 깊은 갈망, 곧 위로나 목적이나 지배에 대한 욕구를 음식으로 채우려 한다. '정욕'은 그 대상을 존중하지 않고 하나님을 무시하는 성적 욕구이다. 그녀는 이기적인 목적을 위해 이성을 잃을 정도로 성에 집착한다. 성의 즐거움이 자신의 공허함을 채워 줄 거라고 믿는다.

우리가 기억하는 한, 우리 영혼은 이 일곱 여성이 유혹하는 헐벗은 이미지에 노출된 적이 있다. 이들은 계략을 꾸미고 거짓말을 하고 우리의 사랑을 얻으려고 애걸복걸한다. 그렇게 해서 그날, 혹은 적어도 그 순간만큼은 그들이 이긴 적이 많았다. 하지만 예수님을 믿는 사람들은 그들이 저지른 부정과 불장난으로부터 구속받았다. 과거의 부정한 애인들이 더는 우리를 지배하지 못한다. 더 깊고 강력하고 진정한 사랑이 우리를 영원히 사랑하며, 이끌고, 공급하고, 자유를 준다. 그 사랑은 우리의 과거보다 크고, 우리의 약함보다 강하며, 우리가 이전에 알던 그 무엇보다 훨씬 더 좋다.

언젠가 예수님은 이와 똑같이 좋은 소식을 우물에서 물을 긷던 한 여인에게 전하셨다. 예수님은 여섯 남편이 있던 여인, 죄와 자신을 파괴하는 행위에 빠져 있던 그 여인에게 이렇게 말씀하셨다.

"이 물을 마시는 자마다 다시 목마르려니와 내가 주는 물을 마시는 자는 영원히 목마르지 아니하리니 내가 주는 물은 그 속에서 영생하도록 솟아나는 샘물이 되리라"(요 4:13-14).

예수님은 갈증과 굶주림에 시달리는 영적 제3세계에 오셔서 우리에게 먹고 마시고 살라고 말씀하신다.

"오호라 너희 모든 목마른 자들아 물로 나아오라 돈 없는 자도 오라 너희는 와서 사 먹되 돈 없이, 값 없이 와서 포도주와 젖을 사라 너희가 어찌하여 양식이 아닌 것을 위하여 은을 달아 주며 배부르게 하지 못할 것을 위하여 수고하느냐 내게 듣고 들을지어다 그리하면 너희가 좋은 것을 먹을 것이며 너희 자신들이 기름진 것으로 즐거움을 얻으리라 너희는 귀를 기울이고 내게로 나아와 들으라 그리하면 너희의 영혼이 살리라"(사 55:1-3).

예수님은 우물가의 여인, 거절당하여 수치심을 느끼고 소외된 그녀에게 계속해서 말씀하셨다. "아버지께서는 자기에게 이렇게 예배하는 자들을 찾으시느니라"(요 4:23). 완벽하지도 멋지지도 않고, 자격도 없는 사람들. 예수님은 사회적으로 용납되지 않는 시간에 우물가에 가셔서 아버지를 위해 예배할 자를 찾으셨다. 그분은 세리와 창녀와 간음한 여자를 찾으셨다. 세상이 이미 정죄하고 내버린 죄인들을 찾으셨다. 영과 진리로 예수님을 예배하는 사람은 구원을 받고 영과 진리로 이 세상의 모든 헛되고 망하는 일로부터 자유를 얻는다. 예수님은 사랑스럽지 않은 사람들을 그분 자신께 인도하셨다. 그분은 오랫동안 모습을 감추었던 아내와 다시 결혼하여, 그녀를 아름답고 정결하고 매력 있는 신부로 만드셨다.

온전하고 영원한 행복

우리가 저지른 죄와 불륜은 단순히 윤리의 문제만이 아니라, 기쁨의 문제이다. 이것은 하나님께 대한 신실함의 문제일 뿐 아니라, 우리의 가장 크고도 심오한 만족을 찾는 문제이기도 하다.

예수님을 따르면 자신의 행복을 포기해야 한다고 생각하는 사람이 많다. 이 땅에서 잠시 재미있고 열정적이고 흥미진진한 삶을 살거나, 아니면 영원히 하나님과 함께 안전하지만 단조롭고 지루한 삶을 살거나 둘 중 하나라고 생각한다. 이런 거짓말은 고요하지만 폭력이 난무하는 강제수용소와 같다. 거기에서는 사람들을 하나님과 분리하여 가두고는 덜 즐거운 것들로 고문한다. 그 끝에는 신속하지만 절대 끝나지 않는 죽음이 기다리고 있다.

이 땅에서도 아름답고 재미있고 흥미진진한 모든 것들에 둘러싸여 진정으로 행복하기 원하는가? 이 말을 다르게 표현하면 예수님을 통해 발견되기를 원한다는 말과 같다.

우리는 예수님과 함께 온전한 삶을 경험하면서, 다윗처럼 이렇게 말할 수 있다. "주께서 내 마음에 두신 기쁨은 그들의 곡식과 새 포도주가 풍성할 때보다 더하니이다"(시 4:7). 우리는 예수님 없이 세상 모든 것을 얻을 때보다 예수님 한 분을 얻을 때 무한하고 영원히 더 행복할 수 있다. 승진과 보너스, 무제한 동영상 스트리밍 서비스, 초밥 뷔페, 공짜 포르노, 늘 새롭고 발전되는 기술, 그 밖에 우리의 우상이 된 수많은 재화들로 가득 찬 세상에서도 말이다.

이 책은 하나님이 다만 도덕적, 사회적으로 더 탁월한 보물이실 뿐 아니라, 세상 그 무엇보다도 우리에게 만족을 주신다고 주장한다. 기독교는 단순히 우리의 나쁜 습관을 고쳐 줄 뿐 아니라, 우리에게 가장 깊은 만족을 줌으로써 하나님의 크심을 제대로 보게 한다.

우리 마음은 우리가 너무 쉽게 안주하고 마는 보잘것없는 잠깐의 쾌락이 아니라, 온전하고 영원한 행복을 누리도록 설계되었다. 교만, 시기, 분노, 나태, 탐욕, 탐식, 정욕은 모두 하나님의 경이와 아름다움과 애정을 대신하기에는 한심할 정도로 부적절한 대체물이다. 그리스도에 비하면, 우리의 첫사랑이나 첫 번째 꿈, 희망들은 우리의 기쁨을 죽일 뿐이다. 우리를 황홀하게 하기는커녕, 우리의 기쁨을 착취할 것이다. 우리를 치유하기는커녕, 우리를 멍청하게 만들 것이다. 우리를 구원하기는커녕, 우리를 죽일 것이다.

영원하며 진정한 행복을 하찮고 잠깐일 뿐인 신들(일곱 정부)에게서 찾는가? 이는 비싼 값을 치르며 황철금을 캐는 미친 짓일 뿐이다. 얻는 것보다 잃는 것이 훨씬 많다. 마치 부엌 찬장에서 따뜻한 스웨터를 찾거나, 약통에서 먹을 것을 찾거나, 냉장고에서 좋아하는 책을 찾는 격이다. 우리의 죄 많은 영혼에 새겨진 지도는 우리를 진리나 영광이나 행복으로 인도하지 못한다. 우리를 '거의'와 '그 정도면 됐다'는 악순환에 빠뜨려서 어느 순간 우리가 침대에 누워 지옥의 문턱을 바라볼 때 그 곁에서 혼란과 실망과 절망에 빠진 우리 손을 잡을 것이다.

우리는 우리 마음을 지으신 하나님이 그 마음의 소원을 채워 주실 것을 믿고 일어나 낡은 지도를 버리고 정북을 가리키는 나침반을 손에 들어야 한다. 올바른 장소에서 기쁨을 찾도록 싸워야 한다.

우리는 전쟁 중이다

복음은 끈질긴 사랑과 격렬한 전쟁의 이야기다. 고멜을 향한 호세아의 신실함과 자비와 사랑에 기록된 약속들은 예수님 안에서 성취된다. 베드로는 이렇게 쓴다.

"그러나 너희는 택하신 족속이요 왕 같은 제사장들이요 거룩한 나라요 그의 소유가 된 백성이니 이는 너희를 어두운 데서 불러내어 그의 기이한 빛에 들어가게 하신 이의 아름다운 덕을 선포하게 하려 하심이라 **너희가 전에는 백성이 아니더니 이제**

는 하나님의 백성이요 전에는 긍휼을 얻지 못하였더니 이제는 긍휼을 얻은 자니라"(벧전 2:9-10, 저자 강조).

인류는 하늘과 땅을 만드신 하나님을 노예만도 못하게 대우했다. 그럼에도 하나님은 왕좌를 버리고 오셔서 더럽혀진 신부를 찾아 깨끗하게 하시고 그와 영원토록 결혼하신다. 이 이야기를 읽는 사람은 하나님을 무모한 사랑꾼으로 생각할지도 모른다. 믿을 수도 없고 믿어서도 안 되는 여자에게 눈이 멀어 상사병에 걸린 바보로 말이다. 그런 남편들은 가슴앓이의 악순환에 빠져서 번번이 속고 배신당하고 버림을 받는다. 그러나 신랑 되신 하나님은 아니다. 맹목적인 헌신처럼 보이는 것은 사실 모든 것을 꿰뚫어 보시며 누구도 막을 수 없는 하나님이 자신의 이름과 신부(자격이 없지만 선택받은 자녀들)를 위해 하시는 헌신이다. 처음부터 끝까지 모든 이야기를 쓰시며, 설명할 수 없이 끈질기고 주권적인 사랑으로 그 이야기를 실행하시는 하나님께 무모함이란 없다.

그런데 베드로는 여기서 결혼 비유만 사용하지 않는다. 바로 다음 절에서는 "사랑하는 자들아 거류민과 나그네 같은 너희를 권하노니 영혼을 거슬러 싸우는 육체의 정욕을 제어하라"라고 말한다(벧전 2:11). 죄에서 구원받은 신부는 여전히 죄와 격렬한 전쟁을 치르고 있다. 우리는 전쟁 중이다. 아니, 우리 자체가 곧 살아 숨 쉬는 전쟁터다. 이 맹렬한 전쟁은 우리 내면에서 벌어진다(약 4:1). 우리가 이전에 빠진 욕망들이 하나님과 그분의 거룩하심에 대한 새로운 열망들을 가리고 조작하고 공격하고 있다.

우리는 전쟁 중이다. 하지만 믿는 사람들은 이미 그 전쟁에서 승리했다. 우리는 원수들을 파악하고 물리쳤지만, 아직도 위험하다. 결과는 정해졌지만, 전쟁은 계속되고 전투는 어느 때보다 치열하다. 예수님이 십자가에서 승리하셨다고 해서 우리가 마음 편히 무기를 내려놓아도 된다는 뜻은 아니다. 죽으시고 다시 사신 주님이 그분의 영과 약속이라는 무적의 소망과 능력으로 우리를 무장하신다. 그분이 갈보리에 오셨기에 우리는 죄를 죽일 수 있다(롬 8:13).

이 책이 우리를 하나님과의 결혼생활과 죄에 대한 전쟁으로 더 깊이 인도하기 원한다. 이 책에 담긴 진리와 경고와 약속은 더 큰 거룩과 더 큰 기쁨으로 향하는 길을 보여 줄 것이다. "능히 너희를 보호하사 거침이 없게 하시고 너희로 그 영광 앞에

흠이 없이 기쁨으로 서게 하실 이"(유 24)께서 우리 안에서 시작하신 일을 이루시는 동안(빌 1:6) 모든 인정과 영광을 받으시기를 기도한다.

1장

죄에 대한 짧은 역사:
일곱 가지 대죄는
어떻게 형성되었나?

_ 라이언 그리피스

소위 일곱 가지 대죄가 현대 사회에서 유행하는 현상은 희한한 역사의 반전이다. 그러나 인간의 마음이 얼마나 부패한지 안다면, 21세기 현대인이 금기에 끌린다는 사실에 그리 놀라지 않을 것이다. 일곱 가지 대죄의 이름이 붙은 텔레비전 프로그램과 영화, 소설, 심지어 레스토랑 체인점을 똑똑히 보라(아니, 보지 않는 편이 나을지도!). 악에 대한 지나친 호기심은 우리로 악에 대한 교회의 경고를 외면하거나 거부하게 하면서, 죄에는 시시한 일로도 환호를 하고 고의적인 무지를 과시하며 즐거워하게 한다. 그러나 죄를 인간의 경험을 일그러뜨리는 사악한 반역과 수많은 무질서로 정의한다면, 그런 갈채를 혐오하게 될 것이다. 죄에 제대로 된 이름표를 달아줄 때 죄는 그 매력을 잃는다. 우리는 과학 시간에 개와 골든 리트리버를 분류했듯이 죄와 비판을 분류할 필요가 있다. 이렇게 죄의 종을 분류하는 것은 죄의 뿌리를 다루는 데 도움이 된다. '일곱 가지 대죄'에 대한 분류는 이런 목적에서 수백 년 전에 마련되었다.

죄의 근원 살피기

일곱 가지 대죄(교만, 시기, 분노, 나태, 탐욕, 탐식, 정욕)는 이 죄들이 가장 치명적이기 때문에 그렇게 불리는 것이 아니다. 모든 죄는 다 치명적이다. 교회가 그토록 오랫동안 (77개나 777개가 아니라) 일곱 가지 대죄를 언급한 까닭은 이 죄들이 나머지 모든 죄를 대표하기 때문이다. 좀 더 정확히 말하자면, 이 일곱 가지 대죄는 죄라는 종의 근원으로 간주되었다. 다시 말해, 일곱 가지 대죄는 수많은 다른 죄들이 거기서 뻗어나오는, 뿌리와 같은 죄이다.

교회 역사 내내 목사와 사제, 수도사와 관료, 감독과 성경 교사들은 죄로 병든 인간의 마음을 어떻게 진단해야 할지 고민했다. 행위로 드러나는 죄의 표면 아래 숨겨진, 우상숭배의 진짜 뿌리는 무엇인가? 예를 들어, 이웃의 불행을 보고 남몰래 좋아하는 남자의 죄악된 충동의 핵심에는 무엇이 있을까? 구두를 사고 사도 더 갖고 싶어 하는 여자의 끝없는 욕심 아래에는 무엇이 있을까?

에바그리우스(346-399)는 그것이 궁금했다. 4세기 위대한 기독교 지성의 영향을 받은 에바그리우스는 인생의 마지막 17년을 수도원 공동체에서 보냈다. 그는 거기서 가르치고 목양하면서, 이 헌신된 사람들을 계속해서 괴롭히는 어떤 특정한 생각이 있음을 목격했다. 마침내 그는 다른 모든 죄의 근원이 되는 여덟 가지 '생각'을 알아냈는데, 그것이 곧 탐식, 불순(정욕), 탐리(탐욕), 슬픔, 분노, 게으름(나태), 자만심, 교만이다.[1] 이런 양상을 확인하는 일은 공동체가 겉으로 드러나는 죄의 현상만을 피상적으로 다루지 않고, 그 근원에서부터 죄를 잘라 내는 데 도움이 되었다.

질병을 진단하기

에바그리우스의 제자 요하네스 카시아누스(360-430)는 이런 범주화를 서양 기독교에 적용하고, 여덟 가지 죄가 육신의 죄(탐식)에서부터 영혼의 죄(교만)까지 연속선상에 놓일 수 있다는 점에 주목했다.[2] 이런 진단법은 라틴 수도원의 한 전통으로 자

---

[1] Evagrius, *The Praktikos and Chapters on Prayer*, trans. John Eudes Bamberger (Kalamazoo, MI: Cistercian Publications, 1972), 16.

[2] John Cassian, *Conference of Abbot Serapion on the Eight Principal Faults* (NPNF2 11:339). 카시아누스가 여덟 가지 주요한 과오를 발전시키는 과정에 대해서는 *The Twelve Books on the Institutes of the Coenobia and The Remedies for the Eight Principal Faults* (NPNF2 11:233-290)를 보라.

리 잡아서 수도사들이 죄의 양상을 확인하고 이에 대응하는 미덕을 개발하는 데 집중하도록 도왔다. 예를 들어, 베네딕토(480-547경)는 교만의 해독제로 겸손을 개발하는 방법을 구체적으로 안내하는 수도 생활 규칙을 마련했다.[3]

이 여덟 범주는 교황 그레고리오 1세(540-604)의 수정을 통해 그 유명한 일곱 가지 죄로 발전했다. 그레고리오는 기독교의 가르침에 정통한 책에 기초해서 교만이라는 뿌리와 자만심, 시기, 우울감, 게으름, 탐리, 정욕, 탐식이라는 가지들의 유기적인 관계를 포착했다. 이후 교회사에서 교만과 탐리는 모든 죄의 '뿌리'라는 특별한 자리를 두고 자주 경쟁하고는 했다.[4] 그리고 악덕으로 불리는 일곱 가지 죄의 징후는 그 열매로 나타난다고 보았다. 예를 들어, 시기라는 가지는 "증오, 수군거림, 중상, 이웃의 불행을 기뻐함, 이웃이 잘되는 것을 배 아파함"이란

---

[3] Benedict of Nursia, *The Rule of Saint Benedict in English*, trans. Timothy Fry (Collegeville: Liturgical Press, 1981), 32. 특히 4장과 7장을 보라.

[4] 외경인 집회서 10:14-15에서 힌트를 얻은 그레고리오의 추론은 성경에 입각한 것이었다(*Douay-Rheims*). "하나님과 멀어진 것이 인간 교만의 시작이다. 인간의 마음이 인간을 만드신 하나님과 멀어졌기 때문이다. 따라서 교만은 모든 죄의 출발점이다. 교만을 품은 인간은 저주로 가득하게 되고, 결국에는 교만이 그를 망가뜨리고 만다." Gregory the Great, *Morals on the Book of Job*, The Latin Fathers of the Christian Church, vol. 31(Oxford: J. H. Parker, 1850) 33.45.87. 그러나 "돈을 사랑함이 일만 악의 뿌리가 되나니"(딤전 6:10)라는 바울의 가르침에 더 큰 권위가 있다고 간주해야 한다.

열매를 낳았다.[5] 이런 구조는 수백 년간 거의 수정되지 않은 채 유익하게 사용되었다. 신실한 그리스도인들은 자기 성찰을 위한 교본이자 죄 고백을 돕는 교본으로서 이 구조를 사용해 특정한 죄와 그 근원을 추적하고 회개와 복음의 적용을 통해 이를 잘라낼 수 있었다.

13세기 스콜라주의 신학자 토마스 아퀴나스(1225-1274)는 대죄(mortal sins)와 소죄(venial sins)를 구분했는데, 이 구분은 서양 교회에 중대한 영향을 미치게 된다.[6] 부분적으로 이는 일곱 가지 죄가 영적인 영역(예, 교만)에서부터 육적인 영역(예, 정욕)에까지 자리할 수 있다는 이해에서 발전되었다. 아퀴나스에 따르면, 대죄는 사랑을 거스르는 죄이기에 영적인 생명을 끊을 위험이 있다. 대죄는 그 사람을 성령님의 은혜로부터 단절시켜 그를 하나님으로부터 분리시키고 영원한 형벌을 받게 한다. 소죄는 사랑을 거스르고 사랑에 상처를 입히고 대죄를 저지르도록 사람을 유도하지만, 일시적인 형벌에 그친다.[7] 예를 들어 간

---

[5] Gregory the Great, *Morals on the Book of Job*, 33.45.87-88.
[6] Aquinas, *Summa Theologica*, I-II.88를 보라.
[7] Aquinas, *Summa Theologica* I-II.72-89를 보라. 위 표현은 가톨릭 교리서(Catechism of the Roman Catholic Church, IV 1854-1864)에서 가져왔다. http://www.vatican.va/archive/ccc_css/archive/catechism/p3s1c1a8.htm.

통이나 절도 같은 대죄는 의지를 가지고 고의적으로 행하는 의도적인 행위이다. 이들은 하나님과의 관계를 단절시키고, 영원한 형벌을 받게 한다. 지나친 웃음이나 해로운 언어 같은 소죄는 위험하거나 계획적이지 않기에 살면서 속죄하거나 죽은 뒤 정화를 통해 용서받을 수 있다. 아퀴나스가 이렇게 죄를 구별한 결과, 죄의 정도를 강조하게 되었는데 예컨대 자기 업적을 부풀리는 죄는 살인과 엄연히 다르다는 것이다.

그러나 이런 구분에는 적어도 두 가지 위험이 있다. 첫째, 어떤 죄(소죄)는 다른 죄(대죄)보다 비난을 덜 받아도 된다고 생각하게 되었다. 그 의도성과 심각성 때문에 일곱 가지 '주요한'(capital, 라틴어 *caput*에서 유래) 죄는 '치명적'(deadly)이라는 수식어를 얻게 되었다. 이렇듯 죄에 순위를 매기는 일은, 크든 작든 모든 죄는 하나님에 대한 반항이라는 본질을 흐리고 말았다. 죄는 본질상 하나님이 아닌 다른 것을 그분보다 더 바란다는 선언이다. 따라서 모든 죄는 무한한 심판을 받아 마땅하며 치명적이다. 둘째, 소죄와 대죄라는 구분은 뿌리와 열매의 관계를 끊어 버렸다. 곧 죄악된 행동 양식과 그 핵심인 마음의 우상숭배를 단절시켰다. 따라서 아퀴나스의 이런 구분은, 죄를 일곱 가지로 분류하고 진단하는 일의 유용성을 약화시켰다. 그럼에도 그

가 발전시킨 소죄와 대죄의 구분은 오늘날까지 로마 교회의 교리로 남아 있다.[8]

16세기 종교개혁자들은 아퀴나스의 구분을 거부했지만, 일곱 가지 근본 죄라는 구분의 유용성을 완전히 버리지는 않았다. 그러나 일곱 가지 주요 죄란 개념이 성경에 나오지는 않기에 '오직 성경'(sola scriptura)을 강조하는 종교개혁자들은 서서히 이 항목을 폐기하고 죄를 구분하는 다른 윤리적 접근을 사용했다(예를 들어 골 3:1-17을 적용하는 등). 그 결과 놀랍게도 현대 개신교인들은 일곱 가지 죄에 대해 그들 조상보다 훨씬 더 많이 언급하고 있다.[9] 죄의 범주화는 여전히 어떤 죄가 다른 죄보다 더 심각하다는 사고를 부추기고, 어떤 죄는 가볍게 여기거나 심지어 무시하게 한다. 하지만 이런 분류는 진단 차원에서 가치가 있으며, 우리가 자신의 어두운 성향을 알아차리고 물리치는 것을 돕는 질문과 범주를 제공한다.

8] 가톨릭 교리서, IV 1854-1864를 보라. 이후 시대가 아퀴나스의 철학과 일곱 대죄를 어떻게 이해했는지에 대해서는 단테(Dante)의 『신곡』(Divine Comedy) 2부 "연옥"(Purgatorio)을 보라.

9] 예를 들어, 일곱 죄를 탁월하게 다룬 다음 두 책을 보라. Brian G. Hedges, *Hit List: Taking Aim at the Seven Deadly Sins* (Minneapolis: Cruciform Press, 2014), Rebecca Konyndyk DeYoung, *Glittering Vices: A New Look at the Seven Deadly Sins and Their Remedies* (Grand Rapids: Brazos, 2009).

일곱 죄, 한 소망

범죄 행위의 뿌리를 진단하려면, 우리가 무엇이 그리스도보다 더 우리를 행복하게 해 주리라고 어리석게도 믿는지 알아내야 한다. 이를 진단하기 위해서는 도움이 필요한데, 그렇지 않으면 침몰하는 배에서 구명보트가 아닌 소화기를 찾아 헤매는 꼴이 될 것이다. 특히나 깊고 만연한 일곱 가지 죄의 유형을 확인하는 일은 분명 도움이 된다. 그러나 어떤 죄를 지었든 우리의 유일한 소망은 그리스도 안에 계신 하나님을 향하는 것이다. "하나님이여, 나를 살피사 내 마음을 아시며 나를 시험하사 내 뜻을 아옵소서 내게 무슨 악한 행위가 있나 보시고 나를 영원한 길로 인도하소서"(시 139:23-24). 우리는 성령님이 말씀으로 우리 죄를 드러내셔서 우리 마음을 고쳐 주시기를 간구해야 한다(엡 6:17; 히 4:12). 또한 우리를 잘 알고 우리로 회개하고 죄를 고백하며 우리 구주의 선하심과 인자하심을 믿도록 도와줄 가까운 그리스도인 친구들을 의지해야 한다(약 5:16; 딛 3:3-7). 무엇보다도 우리는 그리스도 예수를 믿는다면 더 이상 죄의 권세 아래 있지 않으며, 그리스도의 다스리심 아래 있다는 사실을 기억해야 한다(롬 5:12-21, 8:1-4).

우리가 절대 하지 말아야 할 일은 아무것도 하지 않는 것이다. 모든 죄는 치명적이다. 존 오웬이 말한 대로, "사는 동안 항상 죄를 죽이라. 하루도 쉬지 말라. 죄를 죽이지 않으면 죄가 당신을 죽일 것이다."[10]

---

10) John Owen, *The Mortification of Sin in Believers*, vol. 6, The Works of John Owen (London: Banner of Truth Trust, 1965), 10.

2장

교만

_ 제이슨 마이어

교만은 어마어마한 범죄다. 교만은 일곱 가지 죄 목록에서 맨 윗자리를 차지하는 불명예를 얻었다. 교만은 "모든 죄의 정수"이기도 하다.[1] 유한한 피조물인 인간은 하나님이 교만의 반항을 얼마나 혐오하시는지 온전히 이해하지 못한다. 하나님은 교만을 미워하신다. 교만이 그토록 하나님께 혐오스러운 이유는 그것이 하나님과 "최고의 자리를 두고 우위를 다투기" 때문이다.[2] 교만은 하나님께 반대하려고 애쓴다. 하나님이 교만한 자들을 저지하시는 것만이 그에 적절한 대응이다(약 4:6; 벧전 5:5). 그런 이유로 교만은 여러 죄 가운데 하나가 아니라, 그 자체로 죄의 한 범주이다. 다른 죄는 죄인을 하나님과 멀어지게 하지만, 교만은 죄인을 하나님보다 더 높이려 하기에 특히나 가증스럽다.

---

[1] C. J. Mahaney, *Humility: True Greatness* (Sisters, OR: Multnomah, 2005), 30.에 인용된 존 스토트(John Stott)의 말; C. J. 매허니, 『겸손-진정한 위대함』, 조계광 역, 생명의 말씀사, 2006.

[2] C. J. Mahaney, *Humility*, 31. 매허니는 이 표현을 찰스 브리지스(Charles Bridges)에게서 가져왔다고 언급하지만, 출처를 인용하지는 않는다.

교만의 이런 가증스러움은 죽음이라는 벌을 받아 마땅하다. 그러나 우리는 교만을 죽이기는커녕 알아차리기도 쉽지 않다. 조나단 에드워즈는 교만이 "가장 은밀하고 비밀스러우며 모든 죄 중에 가장 속임수가 많다"[3]라고 말했다. 우리에게 필요한 것은 교만에 대한 현장 설명서이다. 이 구체적인 승리의 청사진은 교만의 다양한 형태를 살피고 확실한 시선을 제공함으로써 교만을 정확히 조준하여 쏘아 죽이도록 도와줄 것이다.

교만에 대한 현장 설명서

교만과 싸우는 것은 변신의 귀재와 싸우는 것과 같다. 교만은 세우는 행동과 무너뜨리는 행동, 이렇게 전혀 다른 극단의 형태로 나타날 수 있다. 서로 밀접하게 관계된 이 여섯 형태는 다음과 같다.

- 세우기: 자만, 자기 과시, 자기 정당화
- 무너뜨리기: 자기 비하, 자기 격하, 자책

3] Jonathan Edwards, *Advice to Young Converts*, C. J. Mahaney, *Humility*, 34에 인용됨.

처음 세 가지 반응은 대개 우리가 성공하고 남이 실패할 때 나타난다. 나머지 세 반응은 남이 성공하고 우리가 실패할 때 더 흔히 볼 수 있다.

첫째, 성공이 찾아올 때 교만은 자만(self-exaltation)이라는 우쭐한 표정을 짓는다. 자만은 우리에게 일어나는 좋은 일들을 자신의 공으로 여긴다. 둘째, 자기 과시(self-promotion)는 자만이 확장된 것이다. 이 좋은 일들을 내세워서 남들이 우리에게 공을 돌리도록 만들기 때문이다. 셋째, 자기 정당화(self-justification)는 하나님이나 남들 앞에서 의로워지는 방법으로 도덕적인 선행의 공을 자기 자신에게 돌리는 데 집중한다는 점에서 더 구체적이다. 자신이 옳다는 주장은 남들이 틀렸다고 비난할 가능성을 높인다. 바리새인들은 온갖 종류의 이런 교만을 잘 보여 준다. 예를 들어, 그들은 남들에게서 칭찬을 받으려고 사람들 앞에서 자기 의를 과시했다(마 6:1-2). 예수님은 (바리새인처럼) 자신을 높이는 사람은 모두 낮아질 것이라고 말씀하셨다(마 23:12).

이 세 형태의 교만은 자신의 성공을 축하하고 자랑하면서 자아에 축배를 들자고 제안한다. 그리고 다른 사람의 실패를 예리하게 알아차린 후 역시 잔을 든다. 바리새인들은 "자기를 의롭다고 믿었을" 뿐 아니라, "다른 사람을 멸시했다"(눅 18:9).

자기 비하, 자기 격하, 자책은 이보다 불운한 입장에 처했을 때 나타난다. 이것들은 자신의 실패와 다른 사람의 성공을 곱씹을 때 수면 위로 드러난다. 이 세 형태의 교만은 성공에 축배를 들기보다는 신세 한탄 잔치를 벌인다.

첫째, 자만이 자아를 높이고 확립한다면, 자기 비하(self-degradation)는 자아를 무너뜨리고 해체한다. 둘째, 자기 격하(self-demotion)는 자신이 남보다 능력이 없거나 생활이 어렵거나 가진 게 적다는 사실을 강조하려고 공개적으로 신세 한탄을 한다. 자기 격하는 주변 사람들을 자기 자아의 장례식에 초대한다. 왜 다른 사람들에게 이런 모습을 보여 주려는 것일까? 아이러니하게도 자기 격하는, 사실 자신이 받아 마땅하다고 여기는 확신과 안정을 낚으려는 시도로, 그러기에 교묘한 자기 과시의 한 형태일 수 있다. 셋째, 자책(self-condemnation)은 우리가 자신의 기준에 미치지 못할 때 스스로를 비난한다. 자책은 때때로 스스로에게 고통스러운 판결을 내리기도 하는데, 자신의 실패에 대한 책임을 지우려고 머릿속에서 잘못한 일을 계속해서 돌려보기도 한다. 자책은 다른 사람들의 시선 때문에 잘못을 느끼는 것이 아니라, 스스로 기준 미달이라고 생각하여 수치심을 느낀다.

이 여섯 가지 교만은 공통적으로 자기에게 몰두한다. 교만은 좋은 쪽으로든 나쁜 쪽으로든 관심의 대상이 되고 싶어 한다. 자신에게 주목하는 교만은 자기를 잊어버리는 겸손으로만 맞설 수 있다. 겸손은 교만의 반대 이미지다.

겸손, 교만의 반대 이미지

우리는 겸손을 조금씩 더 경험할수록 그만큼 교만을 죽이기 시작한다. 교만이 우리를 하나님께 반대하는 위치에 놓는다면, 겸손은 하나님께 의지하는 태도를 즐거워한다. 이런 의존의 태도 덕분에 우리는 하나님께 은혜를 받는 위치가 된다.

사도 베드로는 이런 요점들을 분명하게 설명해 준다. "하나님은 교만한 자를 대적하시되 겸손한 자들에게는 은혜를 주시느니라"(벧전 5:5). 베드로는 겸손을 좀 더 공간적으로 정의하는데 겸손은 특정한 장소, 곧 "하나님의 능하신 손 아래에서"(6절) 장막을 친다. 그리고 다음과 같은 가장 뻔한 질문에 답한다. "우리는 어떻게 겸손할 수 있을까?" 그 답은 이것이다. "염려를 다 주께 맡기라"(7절). 교만이 우리의 염려를 스스로 짊어지겠다고 고집한다면, 겸손은 우리가 무엇을 해야 할지 모를 때조차 할 일을 정확히 안다. 바로 하나님께 시선을 고정하는 것이다! 여호사밧왕은 역경을 만났을 때 영원하신 왕을 바라보고 이렇게 말할 줄 아는 지혜가 있었다. "어떻게 할 줄도 알지 못하옵고 오직 주만 바라보나이다"(대하 20:12).

우리는 겸손을 찾는 과정에서, 교만이 만든 가짜 겸손, 곧 자기 경시를 피해야 한다. 겸손과 자기 경시를 어떻게 구분할 수 있을까? 무엇보다 겸손은 자기를 비방하는 데 몰두하지 않는다. C. S. 루이스는 그 차이를 기억하기 쉽게 표현했다. "겸손은 자신을 덜 중요하게 생각하는 것이 아니라, 자신을 덜 생각하는 것이다." 다시 말해 기본적으로 겸손은, 자신에게 집착하는 교만과 달리 자기를 잊는 것이다.

자기를 잊는 겸손에는 독특한 특징이 나타나는데, 바로 기쁨이다. 겸손은 시무룩하거나 심술궂지 않다. 하나님 안에 있는 더 큰 만족이 우리의 자기 집착을 압도할 때 자기를 잊는 기쁨이 찾아온다. 겸손은 다른 사람을 무시하는 교만에 동참하지 않는다. 겸손은 하나님의 영광을 바라보느라 너무 바빠서 다른 사람을 하찮게 보거나 자신에게 우쭐할 틈이 없다. 교만과 달리, 겸손은 사람들의 관심을 한 몸에 받을 필요가 없다. 겸손은 자기를 과시하기보다 다른 사람들 안에 있는 은혜의 증거를 지적하기 좋아한다. 겸손은 다른 사람들의 성취를 진심으로 기뻐해 줄 수 있다.

그러나 겸손에 대한 이 모든 내용은 중요한 질문을 낳는다. 어떻게 하면 교만한 사람이 겸손해질 수 있을까? 하나님은 우리 주 예수 그리스도를 통해 교만을 이기는 승리를 우리에게 주신다! 교만이 죄의 본질인 것을 알았다면, 이제는 우리가 어떻게 죄를 이길 수 있을지 살펴보아야 할 때다. 하나님은 교만을 단번에(회심), 계속해서(성화) 그리고 완전히(영화) 죽일 직격탄을 마련하신다. 우리는 이 세 가지를 제대로 볼 필요가 있다.

교만한 자아를 물리치는 세 가지 강타

1. 회심: 결정적인 강타

하나님의 영광과 인간의 교만은 두 현장, 지옥 또는 십자가에서 충돌한다. 즉 우리가 지옥에서 자신의 죗값을 치르거나, 그리스도께서 십자가에서 우리 죄의 대가를 치르실 것이다. 지옥은 결코 끝나지 않는 사고 현장, 끝없이 계속 이어지는 공포 영화다. 모든 죄인은 그 대가를 치러 마땅하며, 정의는 그 영화가 그렇게 영원한 공포 가운데 끝날 수 있다고 말한다.

하지만 자비로우신 하나님은 다른 길을 열어 주셨다. 하나님은 아들을 보내셔서, 죄인들이 교만으로 먹칠한 그분의 크신 이름의 가치를 입증하셨다. 죄는 하나님의 영광이 별로 중요하지 않다는 신성모독의 메시지를 전한다. 만일 하나님이 죄를 심판하지 않으신다면, 그분 스스로가 "내 영광이 중요하지 않다"는 신성모독적인 메시지를 전하게 될 것이다. 그러나 그리스도의 죽음은 "하나님의 영광이 이만큼이나 중요하다! 나는 내 영광에 이만큼 헌신했다"는 메시지를 전한다. 그리스도의 희생은 하나님의 진노를 온전히 부담하고 만족시킨다. 속죄의 이 영광스러운 측면을 유화(propitiation)라고 한다(롬 3:24-25). 하나님의 진노의 불이 갈보리의 그리스도께 떨어진다. 이는 자기 정당화와는 정반대다. 그리스도께서 하신 일이야말로 우리가 의롭게 되는 유일한 근거다. 그분은 경건하지 못한 사람들을 의롭다 하신다(롬 4:5). 이제 십자가는 경건하지 못한 사람들이 최후의 심판 앞에 설 수 있는 유일하게 안전한 장소다. 진노의 불이 거기에 떨어졌고, 다시는 떨어지지 않을 것이다. 죄인들은 다가올 진노를 피하기 위해 십자가를 붙들어야 한다.

문제는 우리가 그분의 영광을 보지 못한다는 것이다. 이 시대의 신들은 우리의 눈을 가리워 십자가에 달리신 그리스도의 영광을 보지 못하게 한다(고후 4:3-4). 회심은 우리의 영적 무지와 어둠을 극복하는, 하나님의 새로운 창조 사역이다. 그리스도가 전파될 때(5절) 하나님은 우리 마음을 빛으로 채우셔서 마음의 눈을 여시고 예수 그리스도의 얼굴에서 하나님의 영광을 보고 누리게 하신다(6절). 성령님은 마치 투광 조명처럼 역사하셔서 그리스도께서 십자가에서 하신 일을 밝히 드러내신다.

이때가 교만이 결정적으로 무너지는 순간이다. 이 새로운 눈으로 십자가를 바라볼 때 결정적으로 교만을 물리칠 수 있다. 왜 그런가? 십자가를 제대로 볼 수 있는 사람은 자기 자신도 제대로 볼 수 있기 때문이다. 우리는 십자가에 달리신 예수님을 보고 우리 죄를 본다. 십자가는 우리가 하나님으로부터 마땅히 받아야 할 처우를 드러낸다. 우리는 그리스도께서 받으신 부당한 수치를 받아들이지 않고서는 그리스도의 은혜를 받을 수 없다. 십자가는 우리의 교만한 허세와 하나님 앞(심지어 위)에서 자신이 옳다고 생각하는 자기 의를 약화시킨다. 십자가는 죄의 진짜 본질, 곧 죄의 악함과 심각성을 드러내 우리를 압도한다. 십자가는 우리의 악함이 얼마나 큰지 증명한다. 우리가 조금만 악했다면, 작은 희생으로도 충분했을 것이다. 그러나 그리스도의 막대한 희생은 우리 죄가 얼마나 무거운지 잘 보여 준다.

"징벌을 받아 하나님께 맞으며 고난을 당한다"(Stricken, Smitten, and Afflicted)라는 찬양은 이를 조금 더 시적으로 묘사한다.

죄를 가볍게 생각하는 너희는
악도 크게 여기지 않는구나.
여기서 죄의 본질을 제대로 볼 수 있다.
여기서 죄의 책임을 추정할 수 있다.
지정된 희생제물을 기념하라!
누가 그 끔찍한 짐을 짊어졌는지 보라!
말씀이요, 주의 기름 부음 받은 이,
인자요, 하나님의 아들이로다.

2. 성화: 지속적인 강타

교만을 무너뜨리는 이 결정적인 강타(회심)는 점진적으로 교만을 강타하는 성화로 이어진다. 회심은 우리에게 그리스도의 영광을 보는 자유를 주고 우리를 성화의 길로 인도한다. 눈이 가리워진 성화는 없다. 우리는 주의 영광을 봄으로써 한 차원의 영광에서 다음 차원의 영광으로 변화된다(고후 3:18). 따라서 성화는 제대로 보려는 노력이기도 하다. 우리는 하나님이 어떤 분이시며, 우리 자신은 어떤 존재인지 좀 더 분명히 볼 필요가 있다.

바울은 잘난 체하는 고린도 교인들이 제대로 보도록 돕고자 애썼다. 그는 고린도후서 12장에서 아주 충격적인 방식으로 이를 주장한다. 바울은 하늘의 영광을 놀라운 환상으로 보고는 자만해질 위험에 처했다(7절). 그는 교만하고 오만한 거짓 교사들처럼 되는 덫에 걸릴 수도 있었다(고후 11:18-21). 그래서 그는 자만하지 않도록 굉장히 고통스러운 육체의 가시를 받게 되었다(고후 12:7). 바울은 자신이 환상을 보고 겸손해진 것이 아니라고 증언했다. 오히려 그는 환상 때문에 겸손해질 필요가 있었다(1-7절). 역설적이게도 환상은 바울이 얼마나 위대한지를 드러내는 것이 아니었다! 교만은 하나님이 주신 위대한 하늘의 환상을 취해 우리 자신이 그 환상을 받을 만큼 위대하다고 생각하게 만들 수 있다. 교만이 얼마나 뒤틀렸냐면, 좋은 것은 무엇이든 훔쳐 자기 공으로 돌릴 수 있다. 심지어 하나님의 영광을 드러내는 생생한 환상까지도 말이다.

바울은 그 가시로 인해 끔찍한 고통을 겪었다. 그 가시는 "육체에"(고후 12:7) 있었다. 곧 몸 안에 있었다는 뜻이다. 그는 심각하고 혹독한 고통(즉 고뇌)을 겪었다. 이루 말할 수 없는 고통이었다. 바울은 이 가시를 거두어 달라고 주님께 세 번이나 간구했다(8절). 그러나 주님은 그 가시에 목적, 그것도 선한 목적이 있음을 보여 주셨다. 잠시만 이 말씀을 생각해 보자. 하나님은 바울에게 만성적인 통증을 주셨다. 왜일까? 바울의 진짜 문제는 만성적인 교만이었기 때문에 그에게는 만성적인 가시가 필요했다. 그는 겸손해져야 했다. 그래서 바울은 또 다른 환상을 받았다. 이번은 하늘의 영광을 보여 주는 환상이 아니라, 그의 은혜가 족하다는 계시였다(9절).

바울은 자신의 약함을 자랑하는 것으로 반응했다(9절). 이런 식의 반응은 자연스럽지 않다. 굳이 자신의 약함에 주의를 집중시킬 사람이 어디 있겠는가? 교만과 겸손에 대한 이보다 큰 대조가 또 있을 수 있을까? 바울은 자신의 약함에 다른 사람들의 이목을 집중시켰다. 그의 약함이야말로 남들이 하나님의 능력이 얼마나 아름다운지 볼 수 있는 최고의 배경이었기 때문이다. 만약 바울이 하나님만 하실 수 있는 일을 자기 공으로 돌렸다면, 사람들은 하나님이나 바울을 제대로 볼 수 없었을 것이다. 바울은 약함을 선물로 여기는 법을 배워야 했다.

우리가 믿음으로 겸손히 하나님을 의지하려 한다면, 자신이 얼마나 부족하며 하나님의 은혜는 얼마나 큰지 볼 수 있어야 한다. 자신이 강하다고 생각한다면, 우리를 하나님에게서 멀어지게 하는 자기 충족과 자립이란 오물통에 빠질 것이다. 자신의 약함을 느끼는 것은 하나님의 충만한 은혜를 의지하는 꽃들이 만발한 최고의 정원이다.

우리는 자신의 실상을 볼 수 있어야 한다. 성숙에 대한 혼란스러운 메시지가 우리 시야를 가리고는 한다. 보통 성숙이라고 하면 자녀가 부모에게서 조금씩 독립하여 점점 더 많이 책임을 지게 되는 것을 뜻한다. 하지만 영적 성숙은 정반대다. 우리가 점점 더 나아져서 하나님을 덜 의지하게 되는 것이 아니다. 오히려 우리는 성숙해지면서 하늘 아버지를 더 많이 의지하는 법을 배운다.

나는 자녀를 입양하는 과정에서 이 교훈을 배웠다. 그때 나는 말 그대로 모든 일을 다 했다. 전화할 곳에 다 전화하고, 서류도 다 작성하고, 이메일도 다 보냈다. 부끄러운 고백이지만, 기도는 별로 열심히 하지 않았다. 그때처럼 스스로가 무력하고 무능하게 느껴진 적은 없었다. 하나님은 그 상태가 바로 나 자신이라고 알려 주셨다. 내게 절박한 필요가 있다는 것은 늘 사실이었지만, 항상 그것을 느끼지는 못했다. 자신이 스스로 상황을 통제할 수 있다는 것은 환상에 불과하다. 우리는 자신이 영적으로 얼마나 의존적인 존재인지 본능적으로 느끼는 편이 좋다. 그러면 세상과 자기 자신을 제대로 볼 수 있기 때문이다. 그리고 우리가 영원히 제대로 보고 느낄 수 있는 때가 다가오고 있다.

3. 영화: 최후의 강타

우리의 모든 감각을 통해 하나님의 영광을 온전히 보는 것은 교만에 대한 최후의 강타가 될 것이다. 사도 요한은 우리에게 그 영광스러운 날을 가리킨다. "사랑하는 자들아 우리가 지금은 하나님의 자녀라 장래에 어떻게 될지는 아직 나타나지 아니하였으나 그가 나타나시면 우리가 그와 같을 줄을 아는 것은 그의 참모습 그대로 볼 것이기 때문이니"(요일 3:2).

찬송가 "복의 근원 강림하사"에서 내가 가장 좋아하는 가사가 있는데, 그날의 영광을 기대감이 충만한 단어로 잘 표현해준다(우리나라 찬송가에는 번역되지 않은 4절을 사역했다 – 역주).

죄에서 해방되는 그날,
나는 주님의 사랑스러운 얼굴을 보리라!
보혈로 씻으신 흰옷 입고

나는 주님의 주권적인 은혜를 노래하리라!
내 주여, 오소서! 더는 지체하지 마소서!
당신의 약속을 지켜 주소서!
주님의 능력이 나를
주님과 함께하는 집으로 인도할 것을 나는 믿네.

자신의 교만을 단번에, 계속해서, 완전히 죽이지 못한 사람들의 최후는 얼마나 다를 것인가. 하나님은 교만을 적극적으로 반대하고 싫어하시는데, 그 말인즉 교만은 영적 자살이나 다름없다는 뜻이다.

교만한 사람은 하나님과의 갈등을 피할 수 없으며, 그 마지막이 정해져 있다. "대저 만군의 여호와의 날이 모든 교만한 자와 거만한 자와 자고한 자에게 임하리니 그들이 낮아지리라"(사 2:12). 결국 모든 것이 무너지고 한 가지만 남을 것이다. "그 날에…… 여호와께서 홀로 높임을 받으시리라"(11절). 그 최후의 날에, 그리스도의 얼굴은 우리에게 공포(계 6:16-17) 아니면 보물(요일 3:2)이 될 것이다. 이 비전과 확신 덕분에 우리는 지금 더 큰 겸손과 열정으로 교만과 싸울 수 있어야 한다.

영광을 바라보고 죄와 싸우기

"주를 향하여 이 소망을 가진 자마다 그의 깨끗하심과 같이 자기를 깨끗하게 하느니라"(요일 3:3). 천국 교리는 우리가 장차 잘 죽도록 돕기 위해 존재하는 것이 아니다. 그보다는 지금 잘 싸우도록 돕기 위해 존재한다. 그러므로 사도 요한이 요한일서 3장 2절 바로 다음에 3절의 내용을 언급한 것이 당연하다. 그 이유에 대한 설명은 마틴 로이드 존스에게 부탁하려고 한다.

"어떤 의미에서 2절 전체의 목적은 3절로 연결하기 위한 것이라고 말할 수 있습니다. 2절을 그런 관점에서 생각하지 않는다면, 3절을 준비하는 것이 2절의 진짜 목적임을 보지 못한다면, 우리는 2절 전체를 완전히 오해하고 우리에게 주시는 진정한 메시지를 깨닫지 못하게 됩니다.…… 영광의 환상을 본 우리는 땅으로 내려와서 그 말씀을 매일의 실천으로 옮겨야 합니다. 이 말씀이 그렇게 인도하지 못한다면, 우리는 성경을 오용하는 셈입니다."[4]

---

[4] Martyn Lloyd-Jones, *Life in Christ* (Wheaton: Crossway, 1993), 296.

궁극적으로 교만은 예배의 문제다. 우리는 다른 것을 더 생각할 때 자기 자신을 덜 생각할 수 있다. 자기를 잊는 것은 하나님을 향한 예배의 절정에서 흘러나온다. 그분은 홀로 하나이신 하나님(딤전 1:17)이시고, 유일하신 주권자시다(딤전 6:15). 그분은 영원한 왕이시기에(딤전 1:17) 어리석게 그분을 반대해 이길 수 있는 사람은 아무도 없다. 하나님께 적수는 있어도 경쟁자는 없다. 하나님만이 모든 예배와 찬양을 받기에 합당하시다.

따라서 하나님의 자녀들은 교만에 양면적인 태도를 취할 수 없다. 우리는 교만을 미워하고 교만이 죽을 때까지 죽여야 한다. 반가운 소식이 있다면, 그분의 자녀 된 우리에게 주어진 하나님의 은혜가 교만을 단번에, 계속해서 그리고 완전히 사라지게 하리라는 것이다. 우리는 하나님의 영광을 더 많이 보도록 우리 눈을 열어 주시기를 성령님께 간구해야 한다. 그렇게 해서 하나님을 더욱 경외하고, 우리 자신에게는 덜 감탄하도록 말이다. 인간의 타락한 자기 집착에 대한 성경의 답변은 복음에 나타난 크신 은혜의 사역이다. 그 은혜가 우리로 하여금 하나님께 사로잡히게 하고, 그 사로잡힘은 영원한 예배 가운데 절정에 달한다. 그 위대한 찬양의 불꽃 가운데 모든 교만을 태우실 하나님께 감사하라.

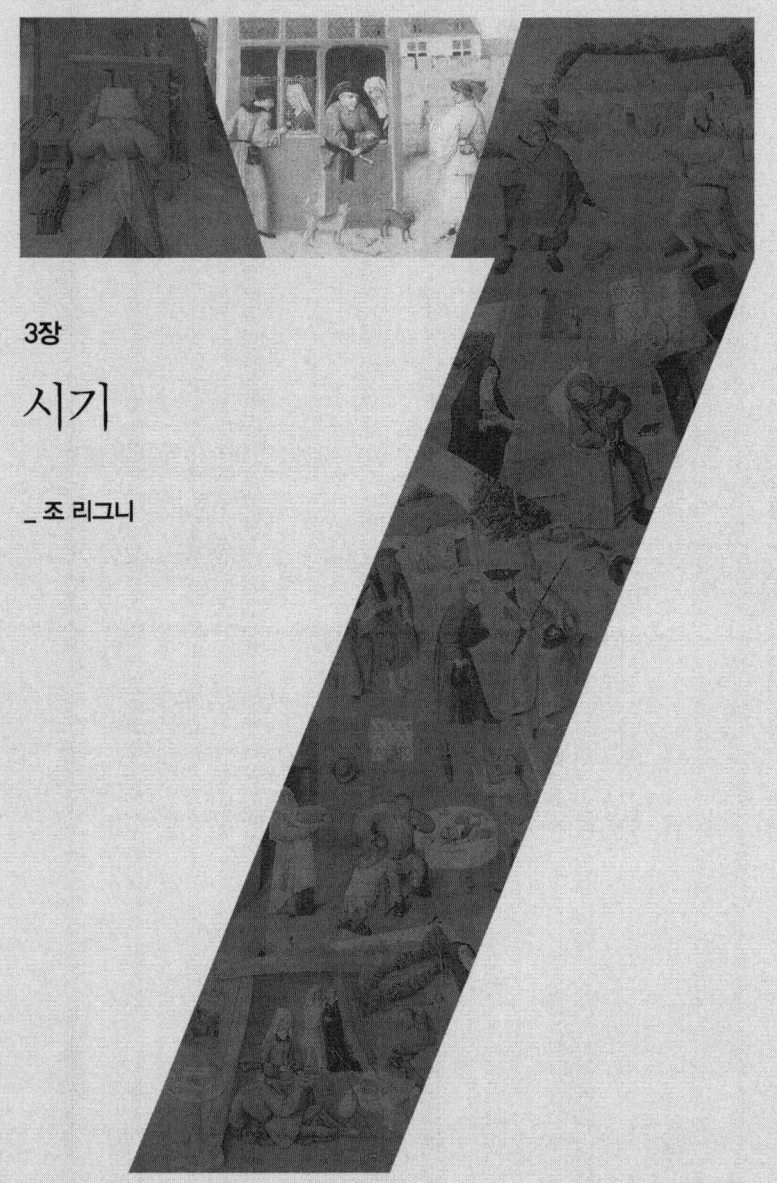

3장

시기

_ 조 리그니

16세기 시인 에드먼드 스펜서의 가장 유명한 작품인 『선녀 여왕』은 그리스도인의 삶을 우화로 담아낸 시다. 1권에서 주인공 레드 크로스(Red Cross) 기사는 교만의 집에서 일곱 가지 죄를 만난다. 그중 '시기'는 독이 든 두꺼비를 씹는 성미 고약한 남자로 묘사된다. 턱으로 독이 줄줄 흘러내리는[1] 시기는 알록달록한 옷을 입고, 굶주린 늑대를 타고, 품에는 독사를 숨기고 있다.[2] 그는 마음속으로 다른 사람들이 잘되는 것을 슬퍼하고, 다른 사람들의 불행을 기뻐하면서 스스로를 파괴한다. 남의 행복을 비통해하고, 악의적인 독을 뿜어내며, 신실한 기독교적 순종을 실천하는 사람들을 이용해 먹는다.

---

1) Edmund Spenser, *The Faerie Queene*, Book I, Canto IV. 로이 메이너드(Roy Maynard)는 스펜서의 고전 가운데 첫 권을 탁월하고 읽기 쉽게 편집했다. *Fierce Wars and Faithful Loves: Book I of Edmund Spenser's The Faerie Queene* (Moscow: Canon Press, 1999).

2) 스펜서는 각 죄가 그 죄를 반영하는 행동을 하고 그에 적절한 짐승을 타는 것으로 묘사한다. 나태는 게으른 당나귀를 타고, 탐식은 더러운 돼지, 정욕은 수염 난 염소, 탐욕은 짐을 잔뜩 진 낙타, 분노는 사나운 사자, 시기는 굶주린 늑대를 타는 식이다. 교만은 나머지 여섯 짐승이 끄는 전차를 탄다.

생생한 비유를 들어 다양한 죄를 묘사하는 것은 서구의 오래된 전통이다. 무슨 이유에서인지, 시기를 묘사하는 이미지는 특히나 기괴하다. 시기는 녹색 눈(영어로 green-eyed는 질투가 심하다는 뜻이다-역주)의 괴물이나 굶주린 늑대, 머리가 여럿인 야수다. 시기는 사람들을 괴롭히는 벌레나 마음의 녹, 오그라든 영혼이 악의에 차 내지르는 비명이다. 시기는 독이 든 두꺼비를 씹어 대면서 독성 침을 흘린다. 시기는 가만히 기다리고 있다가 먹잇감이 사정거리에 들어오면 뱀처럼 튀어 오른다.

시기는 남이 잘되는 것을 보고 눈물을 흘린다. 남이 넘어지는 것을 보고 기뻐한다. 기뻐하는 사람들을 보고 울고, 우는 사람들을 보고 즐거워한다. 솔로몬이 말한 대로, 시기는 "뼈를 썩게" 한다(잠 14:30). 시기는 하찮은 것이 아니라, 우리를 압도하는 강력한 힘이다. "분은 잔인하고 노는 창수 같거니와 투기 앞에야 누가 서리요"(잠 27:4).

투기 앞에 누가 설 수 있을까? 하나님을 가장 기뻐하는 사람이 아닐까? 시기의 유혹하는 힘을 경계하고, 복음이 주는 모든 능력으로 이 적수에 맞서 싸울 때만이 가능할 것이다. 우리는 시기의 계획을 폭로하고 하나님의 은혜를 쏟아부어서 독이 가득한 시기의 사슬에서 해방되어야 한다.

늑대 떼

가장 먼저 할 일은 적, (경우에 따라서는) 적들의 본성을 파악하는 것이다. 다른 죄와 마찬가지로 시기도 무리를 지어 사냥을 한다. 시기는 잔인한 늑대 떼를 늘 동반하는데, 이 늑대 무리를 파악하고 이름을 붙이는 것이 도움이 된다. 그래야 우리 삶에 몰래 접근하는 이 늑대 떼를 알아차릴 수 있기 때문이다. 우두머리 수컷에서부터 시작해 보자. 시기는 다른 사람들의 행운과 복을 보면서 불행을 느낀다. 메리엄 웹스터(Merriam Webster) 사전의 표현을 빌리면, 시기란 다른 사람이 누리는 이점을 괴로워하면서, 때로는 분개하면서 인식하는 것이다.

사람들은 시기(envy)와 부러움(jealousy)을 똑같이 취급할 때가 종종 있다. 하지만 둘 사이에는 중요한 차이점이 있다. 부러움은 우리가 가진 것에 중점을 두고, 시기는 남이 가진 것에 중점을 둔다. 우리는 우리에게 없는 것을 부러워하고(그래서 부러움이 항상 죄는 아니다), 남들이 가진 것을 시기한다. 탐심(covetousness)은 내 소유가 아닌 것을 탐하는 오만한 욕구다. 나는 어린 자녀들에게 이렇게 설명하고는 하는데, 탐심이란 무언가를 굉장히 갖고 싶어서 안달복달하게 되는 것이다. 탐심은 남이 가진 것을 원하고, 시기는 그 사람이 그것을 가졌다는 사실에 분노한다. 탐심은 이웃이 소유한 것에 중점을 두고, 시기는 그 사람 자체를 향한다.

시기와 교만은 둘 다 똑같이 자기 중심적이고 이기적인 야망에 뿌리를 둔다는 점에서 비슷하다. 교만은 우월한 위치를 점했을 때 나오는 이기적인 반항이다. 시기는 남보다 아래 있을 때 나오는 똑같은 충동이다. 교만은 우쭐하고 흡족해하는 오만함으로 자기보다 밑에 있는 사람들을 내려다본다. 시기는 짜증 가득한 증오심으로 자기보다 위에 있는 사람들을 쳐다본다. 경쟁심은 자신과 다른 사람들의 능력을 교만과 시기심으로 평가하는 데 뿌리를 둔 비교 의식이다. 분개는 불의를 인지하고 부글부글 끓는 쓴맛을 느끼는 것이다. 여기서 불의란, 당신은 얻지 못한 기회를 친구가 얻는 것처럼 아주 간단하고 꼬인 상황일 수 있다. 악의는 다른 사람들의 몰락을 모의하고 즐기는 숨겨진 증오심이다. 우리가 다른 사람을 시기할 때 악의는 그들이 망하는 것을 꿈꾸고 마음속으로 그리며, 그들이 정말로 망하면 흡족한 미소를 짓는다.

이런 죄들의 공통된 특징은 다음과 같다. (1) 뒤틀리고 부패한 욕구, (2) 다른 사람과의 비뚤어진 비교, (3) 남의 이익에 대한 사악한 집착, (4) 남의 축복에 대한 분노. 시기를 탁월하게 분석한 브라이언 헤지스의 책에서 묘사한 증상을 활용하자면, 시기는 비교, 비판, 불평, 감사할 줄 모르는 마음, 증오를 불러 일으킨다.3]

이런 정의가 도움이 되지만, 이 늑대 떼를 해치우려면 그 이상이 필요하다. 나는 '이야기'가 교리의 논거로는 할 수 없는 방식으로 죄를 폭로하는 것을 자주 발견했다. 다윗왕이라면 내 말에 확실히 동의할 것이다. 나단이 들려준 가난한 남자와 그의 암양 이야기는 다윗왕의 자기기만을 무너뜨리고 그의 반역을 폭로했다. 또 사무엘상 18-19장의 다윗과 사울 이야기는 시기가 거느린 늑대 떼를 드러내 준다.

천의 얼굴을 가진 적

다윗은 이제 막 골리앗을 죽였다. 군대가 예루살렘으로 돌아올 때 여인들이 성읍에서 나와 "왕 사울을 환영"했다(삼상 18:6).

3] Brian Hedges, *Hit List: Taking Aim At the Seven Deadly Sins* (Minneapolis: Cruciform Press, 2014), 35-46. 헤지스의 책을 적극 추천한다. 이 책은 정확한 진단과 복음에 기초한 처방을 내릴 뿐 아니라, 시기를 생생하게 묘사하는 수많은 인용문과 이야기를 담고 있다.

그런데 여인들이 부르는 노래는 사울에 관한 것만이 아니다. 다윗의 공로 또한 찬양한다. 더군다나 이들의 노래는 위대한 왕보다 젊은 전사를 더 높인다. "사울이 죽인 자는 천천이요 다윗은 만만이로다"(7절). 이런 비교는 왕의 시기를 자극한다. 왕은 이 찬양이 자신의 것이라 생각했기에, 어린 목동과 영광을 나누는 것이 견디기 힘들었다. 어느 주석가의 표현대로 사울은 탕자의 잔치에 참석한 큰아들이었다. 설상가상으로 그는 이것이 자신을 위한 잔치가 되어야 한다고 생각했기 때문에 자신이 받을 관심을 빼앗긴 데 분노했다.

사울의 시기는 경쟁심을 낳는다. 9절은 "그 날 후로 사울이 다윗을 주목하였더라"라고 말한다. 그는 다윗을 곁눈질하면서 밀어내려고 안간힘을 쓰기 시작한다. 이제 경쟁이 시작되었다. 누가 가장 용맹한 전사가 될 것인가? 누가 더 많은 적을 쓰러뜨릴 것인가? 누가 백성들의 사랑과 존경심을 더 많이 차지할 것인가?

사울이 불공평한 비교에 점점 더 억울함을 느끼면서 그의 경쟁의식은 분개에 뿌리내리기 시작한다. "다윗에게는 만만을 돌리고 내게는 천천만 돌리니"(8절). 분개가 이런 비교를 미래로 투영하자, 불공평하다는 느낌이 더 심해진다. "그가 더 얻을 것이 나라 말고 무엇이냐"(8절). 사울이 현재의 비교에 울분을 터뜨리며 두렵고 분한 심정으로 미래를 바라보자, 시기와 경쟁심이 그의 상상력을 왜곡한다. 시기, 경쟁심, 분개가 악한 영의 영향력에 문을 열어 주자, 나쁜 영이 사울에게 덮쳤고 사울은 다윗의 몰락을 간절히 바라기 시작한다. 그뿐 아니라 사울은 그 몰락이 실제로 일어나도록 계획하고 일을 꾸미기 시작한다. 시기는 가만히 앉아서 경쟁자가 망하기를 기다리지 않는다. 상대를 무너뜨리기 위해 적극적으로 움직인다.

사울의 악의가 발동하는 것을 보면서, 우리는 시기가 어떻게 변신하는지 알 수 있다. 사울은 맨 처음 다윗의 성공을 목격한 후 그를 자기 집으로 데려와서(2절) 군대의 장으로 삼는다(5절). 다윗에게 일하시는 하나님의 손을 본 사울의 첫 반응은 그를 승진시킨 것이다. 그다음에는 시기심으로 변덕이 심해져 창을 던져 다윗을 벽에 박으려 한다. 다윗이 피하자, 사울은 그를 두려워하며 집에서 내쫓는다(13절). 하나님이 계속해서 다윗에게 복을 주시자 사울은 그를 두려워한다(15절). 그리고 나서 사울은 다윗에게 아첨하기 시작한다. 다윗에게 딸을 주겠다고 하면서 마음속으로는 다른 음모를 꾸민다. "내 손을 그에게 대지 않고 블레셋 사람들의 손을 그에게 대게 하리라"(17절).

다윗이 "내가 누구며 이스라엘 중에 내 친속이나 내 아버지의 집이 무엇이기에 내가 왕의 사위가 되리이까"(18절)라고 겸손을 보이자, 사울은 제안을 거두어들이면서도 계속해서 음모를 꾸민다. 나중에 딸 미갈이 다윗을 사랑한다는 사실을 알고는 이렇게 생각한다. "내가 딸을 그에게 주어서 그에게 올무가 되게 하고 블레셋 사람들의 손으로 그를 치게 하리라"(21절). 어쩌면 그는 자기 딸을 다윗과 결혼시키면 다윗의 집에 정보원을 두게 된다고 생각했는지 모른다. 무슨 수를 써서라도 미갈이 다윗을 잘못된 길로 이끌기를 바랐을지도 모른다. 사울은 자신의 음모에 더 많은 사람을 끌어들여, 그들이 다윗에게 왕이 그를 기뻐한다고 거짓으로 아첨하게 한다.

다윗이 "왕의 사위 되는 것을 너희는 작은 일로 보느냐 나는 가난하고 천한 사람이라"(23절)라면서 다시 한 번 겸손한 태도를 보이자, 사울은 작전을 한 단계 높여서 그 대가로 블레셋 사람의 포피 100개를 제안한다. 왜 그랬을까? "이는 사울의 생각에 다윗을 블레셋 사람들의 손에 죽게 하리라 함이라"(25절). 사울은 다윗이 혼자서 100명을 죽이기는 버거울 것이라고 예상했다. 하지만 다윗은 200명을 죽여 돌아왔다. 그러자 "여호와께서 다윗과 함께 계심을 사울이 보고 알았고…… 사울이 다윗을 더욱더욱 두려워"(28-29절)했다. 하지만 이 두려움이 화해로 이어지지는 않는다. 오히려 사울은 자신의 증오와 악의를 공개적으로 드러내며 자기 아들과 모든 신하에게 다윗을 죽이라고 말한다(삼상 19:1).

용을 죽이는 법

승진, 분개, 변덕스러운 행동, 두려움과 경외감, 아첨과 거짓말, 가짜 선물과 악의에 찬 음모, 공공연한 적개심과 증오. 이것들은 모두 시기와 경쟁심의 여러 얼굴이다. 우리가 자신의 마음을 평가할 때 시기는 카멜레온과 같다는 사실을 주의해야 한다. 시기는 부드러운 아첨으로 위장했다가 곧장 의분의 탈을 쓰고, 두려움과 경외감으로 위장했다가 곧장 악의에 찬 음모와 공개적인 공격으로 바뀐다.

사울의 이야기는 다른 죄들처럼 시기가 근본적으로 비합리적이라는 사실도 보여 준다. 시기는 제정신이 아니다. 시기가 어떤 사람의 마음에 뿌리를 내리면, 그는 이해하기 힘든 행동을 하게 된다. 하나님의 복 주시는 손이 다른 사람에게서 일하시는 모습을 분명히 보고도, 그것이 하나님이 주신 복인 것을 알면서도 그를 적으로 만든다(삼상 18:28-29). 시기는 근시안이다. 다른 사람의 성공을 공격하는 마음에만 초점을 맞춰서 나머지를 고려하지 못한다. 그렇게 점점 더 절망과 파멸로 추락한다.

그래서 우리는 시기라는 죄를 다루면서 이렇게 많은 죄를 이야기하는 것이다. 시기, 질투, 탐심, 경쟁심, 분개, 악의, 증오, 아첨, 뒤틀린 욕구, 폭발하는 화, 비뚤어진 비교, 다른 사람들이 받은 축복에 대한 집착 등.

시기의 눈으로 보기

그러면 시기는 어떻게 생기는가? 시기의 내면은 어떻게 작동하는가? 첫째, 마치 밤이 낮을 뒤쫓듯이 시기는 성공을 쫓는다. 다윗에게 임한 하나님의 복 주시는 손길이 사울의 시기를 자극한다. 다윗은 온갖 불리한 상황을 극복하고 골리앗을 물리쳤다. 다윗은 사울이 그를 보내는 곳마다 승승장구했다(삼상 18:5). 많은 사람이 다윗을 사랑했다. 그는 사울의 아들(1-3절), 백성들, 사울의 신하들, 사울의 딸(20절), 온 이스라엘과 유다(16절)의 사랑을 받았다. 하나님이 그와 함께 계셔서(12절) 다윗은 "모든 일을 성공적으로 수행해 나갔다"(14절, 현대인의성경). 그는 블레셋

과의 모든 전쟁에서 승리했다. 화자는 다음 말로 다윗의 성공을 마무리한다. "다윗이 사울의 모든 신하보다 더 지혜롭게 행하매 이에 그의 이름이 심히 귀하게 되니라"(30절).

시기는 굶주린 눈으로 성공을 뒤쫓으면서, 끊임없이 이런 질문을 던진다. "그러면 나는?" "왜 나는 아닌가?" 시기는 다른 사람들의 성공을 어느 정도까지는 참을 수 있다. 그래서 시기는 다른 사람들을 끌어들이고 자기 집으로 초대하기도 한다. 하지만 이 굴러온 돌이 주인을 앞지르자마자 시기는 굶주린 늑대처럼 변하여 속으로 악의를 곱씹으며, 예상보다 더 성공한 사람의 몰락을 꾀하기 시작한다.

둘째, 시기는 아주 가까이에서 작용한다. 시기는 우리의 친한 관계를 가장 먼저 공격한다. 사람들과의 교제를 곤란하고 힘들게, 때로는 불가능하게 만든다. 사람들은 가까운 사람을 시기하는 경향이 있다. 우리와 비슷하고, 우리가 신경 쓰는 일과 똑같은 일에 신경 쓰는 사람들을 시기한다. 젊은 목회자 대부분은 존 파이퍼(John Piper)나 팀 켈러(Tim Keller), 앨버트 몰러(Albert Mohler) 같은 목회자를 시기하지 않는다. 그들을 존경하고 우러러볼지는 몰라도, 그들의 열매나 성공을 보고 씁쓸해하지는 않는다. 자신과는 급이 다르다고 생각하기 때문이다. 오히려 동료로 간주하는 사람들이나 자신보다 두어 발짝 앞선 사람들을 시기한다. 소설가 조지프 헬러(Joseph Heller)는 그 점을 이렇게 표현했다. "나보다 별로 나을 게 없는 사람이 더 많이 성취할 때만큼…… 우리를 망연자실하게 하는 실망은 없다."

사울이 다윗을 자기 집으로 데려왔을 때(삼상 18:2) 시기가 발동했다. 우리의 경우에는 친구나 동료가 더 좋은 성적을 받거나, 더 인기가 있거나, 더 호감이 있거나, 먼저 승진하거나, 더 많은 기회나 더 좋은 기회를 얻을 때 시기가 그 추한 고개를 쳐든다. 친구나 동료가 더 준수한 외모를 지녔거나 더 훌륭한 부모를 두었을 때, 더 좋은 교육을 받았을 때, 더 많은 재능이나 인기, 지능, 자존감, 성공 등을 가졌을 때 시기가 모습을 드러낸다.

셋째, 시기는 모방하려는 욕구가 있다. 시기는 욕구와 모방의 왜곡된 형태다. 단순한 욕구에는 주체와 객체가 있다. 욕구를 가진 사람과 욕구의 대상이 있다. 모방하는 혹은 삼자 간의 욕구에는 '주체'와 '대상'과 그 대상에 가치를 부여하는 '모델'이 있다. 다시 말해 욕구를 가진 사람과 욕구의 대상 그리고 가장 중요한 다른 사람, 곧 그 대상을 먼저 욕망함으로써 그 대상을 욕망할 만한 것으로 만드는 다른 사람이 있다.

동물 인형이 가득 찬 방을 상상해 보라. 그 방 한가운데서 한 아이가 검은 말 인형을 가지고 즐겁게 놀고 있다. 그때 두 번째 아이가 방으로 들어온다. 이 아이는 어떤 인형을 원할 것 같은가? 맞다. 검은 말 인형이다. 왜 그럴까? 첫 번째 아이가 그 인형을 가지고 행복하게 놀고 있기 때문이다. 이것이 바로 그 인형을 갖고 싶게 만드는 모델의 욕구다.

두 번째 아이가 없다면, 첫 번째 아이는 검은 말 인형을 내려놓고 갈색 소 인형을 가지고 재밌게 놀 수도 있었을 것이다. 하지만 이제는 아니다. 왜일까? 검은 말을 원하는 두 번째 아이의 욕구가 이 말 인형이 가장 좋은 인형이라는 것을 확인하고 강화해 주었기 때문이다. 이제 두 번째 아이도 모델이 되어서 세계 모든 부모가 익히 잘 아는 줄다리기가 시작된다. 절대 부모들이 서로를 부러워하지 않을 몇 안 되는 경쟁 중 하나다.

이 삼자 간의 욕구는 유아들 마음속에만 있지 않다. 이 욕구는 두 친구가 똑같은 여자를 두고 경쟁하느라 오랜 우정이 깨지는 이유를 설명해 준다. 두 동료가 대형 고객을 두고 싸우느라 오랜 파트너십을 망치는 이유를 설명해 준다. 광고와 브랜딩은 사람들이 자기가 존경하는 사람이 그것을 좋아하기 때문에 사실은 좋아하지 않는 것을 즐기는 척하는 이유를 설명해 준다. 여인들의 노래를 듣고 백성의 존경심을 너무도 간절히 원한 어느 왕이 젊은 영웅을 창으로 벽에 박으려 한 이유를 설명해 준다.

삼자 간의 욕구는 우리가 자신의 모델처럼 되기 원하는 마음에서 출발해 자신의 모델과 경쟁하고, 급기야 그 모델을 대체하기를 모색하는 모방의 왜곡된 형태다. 다시 말해, 우리는 그 모델이 가진 것만을 원하지 않는다. 그 모델이 되기 원한다. 첫 번째 아이가 노는 모습을 본 두 번째 아이는 말 인형만 갖기 원하는 것이 아니다. 첫 번째 아이가 경험하는 기쁨을 자신도 경험하기 원한다. 첫 번째 아이가 검은 말 인형을 포기하고 갈색 소 인형으로 즐겁게 놀기 시작한다면, 두 번째 아이는 이제 갈색 소 인형을 가지려 할 것이다. 시기하는 사람들이 불행한 이유가 이 때문이다. 더 애써 겨룰수록, 다른 사람의 행복을 더 많이 원할수록, 그 행복은 그들을 교묘히 피해 간다.

우리 내면의 늑대를 찾아서

지금까지 시기의 여러 얼굴을 살펴보고, 시기가 마음속에서 어떻게 작동하는지 살펴보았다. 시기는 성공을 뒤쫓고, 우리의 가장 가까운 관계를 공격하며, 우리가 존경하는 사람들처럼 되고자 하는 욕구를 왜곡한다. 그런데 우리가 자신을 정확히 진단하고자 한다면, 시기의 추한 얼굴뿐 아니라 그 아름다운 반대 양상도 살펴야 한다. 다윗과 사울 이야기에서 시기의 반대 이미지는 사울의 아들 요나단이다.

요나단은 다윗을 무서워하고 시기하고 경쟁심을 품을 이유가 충분했다. 다윗이 골리앗을 물리친 사건은 장차 요나단이 물려받을 왕좌에 위협으로 작용했다. 하지만 요나단은 다윗의 성공에 분개하지 않는다. 그는 다윗에게서 하나님의 손길과 복과 함께하심을 보고는 다윗을 가까이 두기 원할 뿐이다. 사울과 달리 요나단은 다윗이 곁에 있다고 해서 경쟁심이나 악의를 품지 않는다. 여인들의 노래도 분개나 불쾌함을 불러일으키지 않는다. 오히려 깊은 사랑과 존경심을 낳았을 뿐이다.

요나단은 다윗을 사랑한다. 다윗을 사랑한다. 요나단은 다윗이 받은 하나님의 복을 그분이 자신에게 주신 복으로 여긴다. 자기 생명같이 그를 사랑한다. 요나단은 다윗의 자리를 차지하기 원치 않고, 그와 언약을 맺기 원한다. 친구이자 동지로서 그에게 의무를 다하고 싶어 한다. 자기가 입었던 겉옷과 군복을 벗어 다윗에게 선물로 주고, 다윗이 왕이 되기를 고대한다. 다윗을 변호하고 보호하며 아버지에 맞서 그를 지지한다. 실제로 요나단은 나중에 사무엘상 23장 17절에서 다윗에게 "너는 이스라엘 왕이 되고 나는 네 다음이 될 것"이라고 말한다.

사울과 요나단의 차이를 보며 우리는 자신의 시기심을 점검할 수 있다. 당신은 다른 사람들이 받은 복과 성공에 어떻게 반응하는가? 그 성공에 대해 소곤거리고 험담을 하는가, 아니면 축하해 주는가? 당신은 감사가 많은가, 아니면 경쟁심이 충만한가? 다른 사람의 성공과 성과를 볼 때 그들의 가장 큰 팬이 되는가, 아니면 가장 큰 비판자가 되는가?

- 목회자들이여, 같은 동네에 있는 다른 교회에 복음의 열매가 많다면 어떻게 할 것인가? 그 교회의 성공을 두고 투덜거릴 것인가? 너무 많은 사람이, 심지어 이전에 당신 교회에 다니던 사람들까지 그 교회로 몰렸기에, 또는 그 목사의 설교만 듣기 원하기에 시기하게 될 것인가?

- 결혼하지 않은 사람들이여, 친구에게 이성 친구가 생기거나 그가 약혼하거나 결혼하면, 진심으로 기뻐해 주는가? 하나님이 그들에게 주신 놀라운 복에 감사가 충만해지는

가? 아니면, 이번에도 당신 차례가 아니라서 속으로 투덜거리지는 않는가?

- 자녀들이여, 친구나 형제자매가 하나님의 복을 받을 때 어떤 반응을 보이는가? 그들이 대표로 뽑히거나 상을 타거나 친구를 많이 사귈 때 진심으로 기뻐하는가? 그들이 하나님의 복을 받을 때 기쁘게 그들을 자랑스러워하는가? 아니면 분개하고 불쾌한 심정으로 주시하는가?

- 부모들이여, 다른 집 자녀가 성공할 때 어떻게 반응하는가? 옆집 아이가 당신 아이보다 빨리 걷거나 빨리 말을 배울 때 같이 기뻐하는가? 하나님이 다른 부모들의 양육에 복을 주실 때 당신도 다윗을 주시한 사울처럼 끊임없이 그들을 주시하면서 분노와 불쾌함을 느끼지는 않는가? 그들 뒤에서 험담하지 않는가?

- 직장인들이여, 다른 사람이 승진할 때 어떻게 반응하는가? 당신이 사울 군대의 장군이었는데 베들레헴에서 온 목동 때문에 밀려났다면, 어떤 반응을 보였겠는가? 전폭

적으로 그를 지지해 주었을까? 아니면 그의 권위와 리더십을 폄하하려는 유혹을 받지는 않았을까?

시기의 세 가지 적

자신의 시기심을 진단해 보고 낙심했는가? 과연 어떤 소망이 우리에게 있을까? 우리는 모든 면에서 희망이 있다. 우리에게는 그리스도의 십자가가 있다. 하나님의 은혜가 있다. 그리스도 안에서 하나님을 아는 심오한 기쁨과 즐거움이 있다. 각각의 내용을 간단하게 살펴보자.

1. 그리스도의 십자가

시기를 파괴하는 유일한 길은 예수 그리스도의 십자가를 통하는 길이다. 그리스도의 보혈만이 우리를 시기와 경쟁심, 분개와 악의의 죄에서 깨끗하게 하신다. 예수님은 우리를 시기의 모든 사슬에서 해방하기 위해 죽으셨다. 우리는 죄를 고백하고, 진정으로 죄에서 돌이키며, 하나님께 도움을 간구하고, 우리 죄를 용서하고 모든 필요를 채우시는 그리스도만을 신뢰해야 한다.

2. 하나님의 은혜

바울은 "내가 나 된 것은 하나님의 은혜로 된 것이니"(고전 15:10)라고 말한다. 은혜가 나를 정의한다. 은혜가 나를 빚고 충만하게 채운다. 은혜 때문에 지금의 내가 있다. 남들이 가진 모든 것이 내게는 필요 없다. 내게는 은혜가 있기 때문이다! 내게는 하나님이 있다. 하나님이 내 편이시다. 그리스도께서 하신 일 덕분에 하나님은 나를 기뻐하신다. 하나님은 나를 자녀로 받아 주신다. 하나님이 내게 말씀하신다. "너는 내 사랑하는 자녀라. 내가 너를 기뻐하노라."

마음 깊은 곳에서 이 말씀을 믿는다면, 우리는 시기에서 벗어날 수 있다.

3. 자신뿐 아니라 다른 사람들이 받은 복에도 감사하기

하나님의 은혜가 우리를 정의하기 때문에 우리는 모든 일에 항상 감사할 수 있다. 하나님이 우리에게 그 아들 예수님을 주셨고 언젠가는 모든 것을 주실 것을 알기에(롬 8:32) 지금도 우리는 주님이 우리에게 주신 모든 좋은 선물들로 인해 감사할 수 있다.

브라이언 헤지스가 쓴 대로, "시기에 가장 효과가 큰 약은 하나님의 선하심이라는 순전한 영적인 젖이다."⁴⁾ 감사는 이 선하심을 받는 영혼의 태도다. 감사는 근본적으로 시기와 공존할 수 없다. 감사하는 사람은 시기하지 않는다. 아니, 시기할 수 없다. 자신에게 베푸신 하나님의 모든 인자하심에 감사가 넘치는 사람에게는 시기의 늑대 떼가 그 추한 얼굴을 들이밀 자리가 없다.

그러나 우리는 자신을 향한 하나님의 인자하심에 만족하는 데서 멈춰서는 안 된다. 하나님이 다른 사람들에게 주신 것에도 감사해야 한다. 이것이야말로 새로운 마음을 지녔다는 진정한 표시다. 하나님이 (내가 아니라) 다른 사람들에게 주신 것을 보고, "감사합니다, 감사합니다, 감사합니다, 주님. 저 사람들과 제게 이토록 친절을 베풀어 주시니 감사합니다"라고 말할 수 있어야 한다. 결국, 그리스도 안에서 우리를 기쁘게 맞아들이시는 하나님으로 인해 우리는 자신을 타인이 받은 복과 기회로 정의내리지 않을 것이다. 하나님이 따뜻한 마음으로 그 아들 안에서 우리를 받아 주실 때 우리는 시기심의 하찮은 종살이에서 구원을 얻는다. 그래서 우리는 친구들과 가족들의 재능

---

4) Hedges, *Hit List*, 44.

과 능력을 진심으로 기뻐하고 축하해 줄 수 있다. 우리의 영혼을 넓혀 주시는 하나님의 은혜 덕분에 우리는 이렇게 말할 수 있다.

"나는 다른 사람들의 재능과 은사를 움켜잡지 않아도 됩니다. 나는 이웃의 배우자나 집이나 가족, 사역, 기회를 탐하지 않습니다. 다른 사람들이 받은 복이 나를 정의하지 않습니다. 하나님의 은혜만이 나를 정의합니다. 따라서 나는 거짓된 기준으로 나를 재단하기를 거부합니다. 세상 모든 사람(특히 나와 똑같은 일로 부름 받은 사람)과 경쟁하려는 강박적이고 끈질긴 충동을 거부합니다. 다른 사람들의 몰락과 실패를 바라는 악의에 찬 꿈을 내려놓습니다. 은혜가 풍성하신 하나님이 그의 사랑하시는 아들 안에서 나와 다른 사람들에게 모든 것을 자비롭고 아낌없이 후하게 주신다고 약속하신 것을 확실히 알기 때문입니다."

4장

분노

_ 조너선 파넬

"대체 무엇 때문에 화를 내는 것이냐?"(욘 4:4, 메시지성경) 성경에서 하나님이 어떤 개인에게 하신 말씀은 때로 우리 모두에게 적용된다. 하나님이 동요하는 요나에게 하신 이 질문도 우리가 들어야 할 말씀이다. 이야기가 진행되면서 하나님은 니느웨를 향한 재앙을 거두셨다. 요나는 그것이 마음에 들지 않았다. "요나가 매우 싫어하고 성내며"(1절). 이 시점에서 독자들은 요나의 행동 이면에 있는 진실, 사실은 이야기의 전체 갈등 이면에 있는 진실을 살짝 눈치채게 된다. 못마땅해하는 이 선지자가 고래 배 속에 있게 된 이유와 그가 바다 위에 있을 때 폭풍이 몰아친 이유, 애당초 그가 니느웨가 아닌 다시스로 향한 이유는 요나가 하나님의 성품에 대해 무언가를 알았기 때문이다. "그러므로 내가 [니느웨로 가서 전파하지 않고] 빨리 다시스로 도망하였사오니 주께서는 은혜로우시며 자비로우시며 노하기를 더디하시며 인애가 크시사 뜻을 돌이켜 재앙을 내리지 아니하시는 하나님이신 줄을 내가 알았음이니이다"(2절).

이것이 롤러코스터처럼 오르락내리락하는 이야기의 슬픈 해답이다. 이것이 요나가 분노를 터뜨린 이유이다. 요나는 불경한 니느웨 성에 회개를 선포하고 싶지 않았다. 그는 니느웨 사람들이 회개하는 것을 원치 않았다. 요나는 그들이 하나님의 자비를 몰랐으면 했기 때문이다. 그 사람들은 그를 미치게 만들었다. 그래서 분노는 이 드라마의 비극적인 절정이 된다. 분노라는 감정이 무대에 등장해, 이성을 잃어버린 이 선지자의 가면을 벗겨 낸다.

분노의 의미를 찾아서

분노가 일곱 가지 죄에 포함된 이유는 사람들이 오랫동안 분노의 파괴적인 힘과 영향력을 직접 목격했기 때문이다. 하지만 분노를 이해하는 것은 단지 분노의 결과를 살피는 것보다 훨씬 더 복잡하다. 분노는 그저 혼란을 일으키는 죄가 아니다. 좀 더 깊은 무언가, 인간 마음속 잠재의식의 욕구에 자리 잡은 무언가를 나타내는 감정이다. 분노의 뿌리가 되는 죄(root-sin)[1]를 찾

---

1) Jack Miller, *Repentance: A Daring Call to Real Surrender* (Fort Washington: CLC Publications, 2010), 15.

으려면 표면 아래를 파고들어 가는 힘들지만 중요한 작업에서부터 출발해야 한다.

분노가 영혼 깊숙한 곳의 더 어두운 열망을 폭로하는 내부 고발자라는 이해는 본질적으로 기독교적인 것, 심지어는 영적인 것도 아니다. 분노를 다룬 최근의 자기계발서도 그렇게 주장한다. 마샤 캐넌은 『똑똑하게 분노하라』(원서에는 "분노의 의미를 폭로하고, 의식과 진정한 힘과 평화를 얻는 일곱 단계"라는 얌전한 부제가 붙어 있다)에서 이렇게 설명한다. "당신이 현실을 받아들이기 어렵다고 정의하고, 그런 현실을 쉽게 바꾸거나 견디거나 무시할 수 없을 때 분노하게 된다."[2] 이 문장의 강조점이 분노의 맥락에 있다는 점에 주목하라. 우리가 경험하고 정의한 '현실'이 중요하다. 여기서 분노는 다른 무언가, 곧 우리가 받아들일 수 없다고 여기는 환경에 대한 반응에 불과하다. 즉 분노는 태생적으로 저절로 생겨나지 않고, 무언가에 대한 반응으로 나타난다는 것이다. 캐넌이 주장하는 대로, 우리는 분노가 반응하는 그 받아들일 수 없는 것을 들여다봄으로써 분노에 대한 통찰을 얻는다.

---

[2] Marcia Cannon, *The Gift of Anger: Seven Steps to Uncover the Meaning of Anger and Gain Awareness, True Strength, and Peace* (Oakland: New Harbinger Publications, 2011), 17; 마샤 캐넌, 『똑똑하게 분노하라』, 안진희 역, 대림북스, 2011.

나이와 상관없는 분노

그러나 우리가 분노의 원인을 찾기 전에, 다른 죄와 비교해서 분노를 독특하게 만드는 세 가지 설명을 살펴보자. 다른 모든 죄처럼 분노는 "인격이신 하나님에 대한 비난받아 마땅한 인격적인 모욕이다."[3] 하지만 분노만의 독특하고 복잡한 층위가 있다.

첫째, 분노는 교만과 마찬가지로 가장 널리 퍼진 죄다. 물론, "모든 사람이 죄를 범했다"(롬 3:23). 이 구절은 좀 더 구체적으로 이렇게도 말할 수 있다. "모든 사람이 분노했다." 문화 역사적 관점에서, 세상에 맨 처음 나타난 죄의 무시무시한 파괴력의 증거는 분노의 폭발이었다. 창세기 초반에 가인은 하나님이 자신의 희생 제사를 받지 않으시자 신경질적으로 반응했다. "가인이 몹시 분하여 안색이 변하니"(창 4:5). 그러자 하나님이 어떻게 하시는가? 바로 그때 하나님은 이 장의 핵심 질문을 던지신다. "네가 분하여 함은 어찌 됨이며 안색이 변함은 어찌 됨이냐?"(6절) 하나님은 우리가 그 뿌리를 찾기 원하신다.

---

[3] Cornelius Plantinga, *Not the Way It Is Supposed to Be: A Breviary on Sin* (Grand Rapids: Eerdmans, 1995), 13.

세상에 분노가 가득한 까닭은 맨 처음 일이 틀어진 이후로 분노가 계속해서 역사에 존재해 왔기 때문이다. 인류 첫 조상의 죄가 이후로 모든 세대에 스며들었다. 분노의 너비는 모든 문화와 역사(모든 시대의 모든 민족), 모든 세대(모든 시대)를 포괄한다. 어쩌면 분노가 모든 사람이 최초로 짓는 죄일 것이다. 갓난아기가 우는 소리를 들어 본 적 있는가? 내 주변을 볼 때 어린아이의 날카로운 울음소리에는 사람의 혼을 쏙 빼는 분노가 섞여 있다. 만약 아기에게 어른처럼 크고 발달된 손이 있었다면, 우리 멱살을 붙잡고 조를 가능성이 크다. 어린아이들, 심지어 갓난아기조차 현실을 '받아들일 수 없는 것'으로 확실히 정의할 수 있다. 그리고 주변 사람들이 모두 그것을 알기를 주장한다. 아이가 배가 고플 때 혹은 아이의 친구가 '레인보우 대시' 인형을 혼자 갖고 놀 때[4] 부모라면 아이의 눈물로 얼룩진 상기된 얼굴을 충분히 보았을 것이다. 어린아이라고 해서 분노에 예외는 없다는 사실을 충분히 알 수 있다. 게다가 나이가 들어도 별로 나아지지 않는다. 부모들도 자기 얼굴이 상기되고 목소리가 높아지는 순간을 부인할 수 없다. 어른도 자기 뜻

---

[4] 레인보우 대시(Rainbow Dash)는 "마이 리틀 포니"(My Little Pony) 만화 시리즈에 등장하는 허구의 캐릭터이다.

대로 되지 않을 때는 네 살짜리로 바뀔 수 있다. 분노는 나이와 상관이 없다.

흔히들 얼굴을 붉히면서 폭발하는 성격이 있는가 하면, 조금도 동요하지 않고 차분하고 느긋한 성격도 있다고 말한다. 하지만 신경 생리학자 네리나 라플라칸(Nerina Ramlakhan)의 설명에 따르면, 화내지 않는 사람은 없다. 단지 표현 방법이 다를 뿐이다. "사람은 분노를 속으로 억누르는 사람과 밖으로 표현하는 사람으로 구분된다."[5] 분노를 담고 있는 사람과 토하는 사람이 있지만, 둘 다 분노가 있다. 모든 사람은 화를 낸다. 어떤 사람은 요란하고 폭력적으로, 다른 사람은 조용하고 비밀스럽게.

다른 죄보다 더 치명적인

둘째, 분노는 일곱 가지 죄 중에서도 가장 위험하다. 물론 "[모든] 죄의 삯은 사망"이다(롬 6:23). 그러나 분노를 아무 제약 없이 표현한다면, 말 그대로 사람을 죽이기까지 할 것이다. 물리적으로는 분노의 대상을, 영적으로는 분노하는 주체를 말이다!

---

[5] Victoria Lambert, "Why Anger Is Bad for You" in *The Australian*, 14 March 2014, http://www.theaustralian.com.au/news/world/why-angeris-bad-for-you/story-fnb64oi6-1226854026035

예수님은 분노와 살인을 연결하신다. "옛사람에게 말한 바 살인하지 말라 누구든지 살인하면 심판을 받게 되리라 하였다는 것을 너희가 들었으나 나는 너희에게 이르노니 형제에게 노하는 자마다 심판을 받게 되고"(마 5:21-22).

헤르만 바빙크는 이렇게 설명한다. "예수님은 행동은 물론, 정당하지 않은 분노가 처음 솟구치는 것만으로도(입 밖으로는 한마디도 내뱉지 않았더라도) 심판을 받게 된다고 말씀하신다."[6] 살인과 분노는 같은 선상에 있다. 둘은 너무나 밀접하게 연결되어 있어서 예수님은 그 둘을 사실상 똑같이 여기신다. 하나님의 심판의 관점에서, 살인과 분노는 똑같이 정죄받아야 할 죄의 다른 형태에 불과하다. 사도 요한이 나중에 쓴 것처럼 "그 형제를 미워하는 자마다 살인하는 자다"(요일 3:15).

이 치명적인 연관성과 불의한 분노가 거룩한 삶을 악화시킨다는 사실 외에도, 분노는 다른 사람들에게 의식적으로나 무의식적으로 해를 끼칠 수 있다. 우리는 타인에게 계획적으로 피해를 준 사람을 처벌해야 한다는 데 모두 동의한다. 그런데 분노는 굉장히 즉흥적이고 통제하기 어려워서 사람들이 자신이

---

6) Herman Bavinck, *Reformed Dogmatics: Sin and Salvation in Christ*, vol. 3 (Grand Rapids: Baker Academic, 2005), 154.

저지르리라고 상상도 하지 못한 죄를 저지르게 만들기도 한다. 미국 사법제도에는 이런 죄에 해당하는 범주가 있다. 격정 범죄는 갑작스러운 충동의 결과로 일어나는 폭행을 가리킨다. 가해자가 자신의 감정에 지나치게 취한 나머지 어리석은 결정을 내리는 것이다. 사전에 계획하지 않은 충동적인 폭행이었다는 사실을 증명할 수 있으면, 현대 사법제도는 조금 더 가벼운 범죄로 본다. 법원은 사실상 충동적이고 격렬한 분노를 조금은 동정해 준다. 이것은 분노가 사람을 도취시키고 누구에게서나 흔히 볼 수 있는 것이라는 생각을 증명한다. 우리 대부분은 사람을 혼란스럽게 하는 분노의 힘을 이해하고, 분노를 경험하고, 거기에 굴복하는 사람들을 어느 정도 동정할 만큼, 분노에 대해 잘 알고 있다.

좋은 사람, 나쁜 사람, 분노하는 사람

셋째, 분노가 다 죄는 아니다. 분노 자체는 악하거나 선할 수 있고, 사악하거나 의로울 수 있다. 분노는 아주 중요한 한 가지 측면에서 나머지 죄와는 구별된다. 바로 하나님도 분노하신다는 점이다. 하나님의 분노는 성경 전체에 나타나 있다. 시편 기자가 말한 대로, "하나님은 의로우신 재판장이심이여 매일 분노하시는 하나님"(시 7:11)이시다.

하나님은 분노를 느끼기만 하시는 것이 아니라, 심판으로 그 분노를 실행하신다. 그래서 모세는 금송아지 사건 이후에 이렇게 기도했다. "주의 맹렬한 노를 그치시고 뜻을 돌이키사 주의 백성에게 이 화를 내리지 마옵소서"(출 32:12). 뿐만 아니라, 마르키온(Marcion)의 치명적 오류와는 달리(그는 구약의 하나님은 폭력과 복수의 하나님, 신약의 하나님은 사랑과 용서의 하나님이라고 주장했다-역주), 이 분노는 신구약 성경 전체에 퍼져 있다. 바울에 따르면, 예수님은 언젠가 다시 오셔서 최종적으로 온전하게 이 거룩한 진노를 실행하실 것이다. "하나님을 모르는 자들과 우리 주 예수의 복음에 복종하지 않는 자들에게 형벌을 내리시리니"(살후 1:8). 예수님은 이 땅에서 사역하시는 동안에도, 완강한 바리새인들을 만나셨을 때 "그들의 마음이 완악함을 탄식하사 노하심으로 그들을 둘러보셨다"(막 3:5).

따라서 하나님의 진노(롬 1:18)가 죄가 아니라면(약 1:13; 히 4:15), 정당하게 표현한 분노는 죄가 아닌 것이 틀림없다. 그렇다면 죄가 되는 인간의 분노는 무엇이며, 그것은 하나님의 의로우신 진노와 어떻게 다른가? 이를 이해하려면 분노의 동기(분노한 사람들이 자기 주변 상황에 보이는 반응)를 들여다보아야 한다. 캐넌은 이렇게 쓴다. "인지된 위협이나 어려운 상황에 차분하고 수월하게 대처할 만한 충분한 힘이 없어 도움이 필요하다고 느낄 때 우리는 자연히 분노를 표출하게 된다."[7] 확실히 이런 정의는 하나님이 분노하시는 이유를 묘사하고 있지는 않다. 하나님은 전능하시기에 무력함을 느끼고 이에 반응하실 일이 전혀 없기 때문이다. 하지만 캐넌이 암시하듯이, 인간은 훨씬 더 취약한 위치에서 반응한다. 하나님과 사람 모두 분노를 경험하지만, 그 분노가 죄인지 아니면 의로운지를 결정하는 것은 분노의 경험이 아니라 분노의 원인이다. "대체 무엇 때문에 화를 내는 것이냐?" 이것이 문제다.

사랑과 분노는 무슨 관계가 있는가?

우리가 분노해야 하는 이유는 한 가지로 압축될 수 있다. 바로 사랑이다. 때로는 특정한 죄와 대응 관계에 있는 거룩한 성품을 이해함으로써, 곧 악덕과 미덕을 비교함으로써 그 죄에

---

[7] Cannon, *The Gift of Anger: Seven Steps to Uncover the Meaning of Anger and Gain Awareness, True Strength, and Peace*, 7.

대해 더 많은 통찰을 얻는다. 예를 들어, 우리는 겸손의 렌즈로 교만을 검토하거나 너그러움의 관점에서 탐욕을 폭로할 수 있다. 하지만 분노는 이렇게 대칭적이지는 않다. 분노의 반대를 사랑이라고 생각할 수도 있지만, 사실상 분노의 반대는 무관심이다. 팀 켈러는 "왜곡되지 않은 원형 상태의 분노는 사실상 사랑의 한 형태다"[8]라고 말한다. 분노는 무엇이든 우리가 소중히 여기는 사람이나 사물을 위협하는 것에 우리가 대응하는 방식이다. 우리가 현실을 인식하고 반응하는 방식은 우리가 가치를 두는 대상과 연관이 있다. 분노는 우리가 사랑하는 대상을 보호하기 위해 움직이는 사랑이다. 우리가 분노해야 하는 이유를 알고자 한다면, 우리가 아끼는 대상을 살펴보아야 한다. 또한 분노가 언제 죄가 되는지 알기 원한다면, 우리가 사랑하는 것들이 어떻게 왜곡되었는지를 알아보아야 한다.

이는 분노의 문제가 그토록 널리 퍼진 이유를 설명한다. 제임스 스미스가 표현한 대로, 인류는 근본적으로 사랑하는 존재이다. "······우리가 이 세상을 살아가며 우선적으로 취하는 방식은 지성이나 신념이 아니다. 우리는 그보다 정서적인 피조물로

---

8) Tim Keller, "The Healing of Anger", 뉴욕 리디머장로교회에서 2004년 10월 17일에 한 설교, http://www.gospelinlife.com/the-healing-of-anger-5464.html.

서 감으로 자신의 길을 더듬으며 나아간다."[9] 우리는 늘 속수무책으로 무언가를 사랑한다. 비록 그 사실을 인지하지 못하더라도 말이다. 문제는 우리가 사랑하느냐 하지 않느냐가 아니라 '우리가 무엇을 사랑하느냐'이다. 스미스는 또한 이렇게 말한다. "우리가 사랑하는 것, 간절히 바라는 것, 갈망하는 것이 우리를 정의한다."[10] 실제로, 우리가 사랑하는 것이 곧 우리다.

17세기 신학자 헨리 스쿠걸(Henry Scougal)은 그 점을 이렇게 표현한다. "한 영혼의 가치와 탁월함은 그 사람이 사랑하는 대상으로 측정할 수 있다."[11] 즉, 근본적으로 우리는 무언가를 사랑하는 존재로서 현실을 해석하는데, 우리가 사랑하는 대상을 향한 위협은 늘 존재하기에 우리가 분노할 이유 또한 늘상 어디에나 있다.

이토록 수많은 유혹을 맞닥뜨리면서, 우리는 인간이 사랑하는 존재일 뿐 아니라, 망가진 존재로서 사랑한다는 사실을 번

---

[9] James K. A. Smith, *Desiring the Kingdom: Worship, Worldview, and Cultural Formation, Cultural Liturgies* (Grand Rapids: Baker, 2009), 47; 제임스 스미스, 『하나님 나라를 욕망하라』, 박세혁 역, IVP, 2011.

[10] James K. A. Smith, *Discipleship in the Present Tense: Reflections on Faith and Culture* (Grand Rapids: Calvin College Press, 2013), 181.

[11] John Piper, *The Pleasures of God: Meditations on God's Delight in Being God* (Colorado Springs: Multnomah, 2012), 2에 인용됨. 존 파이퍼, 『하나님의 기쁨』, 이상준 역, 두란노, 2013.

번이 깨닫는다. 우리의 엉망진창인 사랑에서, 혹은 아우구스티누스(Augustinus)의 표현을 빌리자면, 우리의 '과도한 애정'에서 그 망가짐을 볼 수 있다. 우리는 하나님을 가장 잘 사랑하기 위해 창조되었지만, 우리 자신과 우리를 섬기는 대상을 더 사랑할 때가 자주 있다. 더불어 우리에게는 자기 자신에게 매몰되거나 선한 것을 궁극적인 대상으로 삼아버리는 고질적인 문제가 있다. 이 지점에서 분노가 잘못된 길로 빠진다. 의로운 외양이 사라지고, 악이 되어 버린다. 우리는 아이들이 집앞에서 노는데 속도를 높이며 난폭 운전을 하는 배달부나 테러, 인종 차별 같은 끔찍한 불의에만 화를 냈으면 좋겠다. 하나님도 그런 일들에는 분노하실 테니 말이다. 하지만 실제로는 아주 사소한 일, 정당성이 없는 일에 화를 낼 때가 너무 많다. 해가 쨍쨍한데 박 넝쿨이 시들어 분노한 요나처럼 말이다(욘 4:9).

따라서 죄가 되는 분노는 태생적으로 어리석다. 우리가 현실을 받아들이기 힘들다고 오해할 때, 자신에게만 몰두하는 사랑에 눈이 멀어 자신과 맞지 않는 것은 모조리 없애 버리고 싶어 할 때 그런 일이 생긴다. 하나님을 닮으려 하기보다, 무엇을 해야 하고 무엇을 하지 않아도 되는지 그것을 정할 권리가 자신에게 있다고 가정하며 정의할 때 분노는 죄가 된다. 그럴 때 우리는 주변 사람들에게 우리가 가장 사랑하는 것에 근거해 세상을 해석하라고 강요하는데, 그것은 종종 우리 자신이다. 유명한 문구에서 몇 단어를 바꿔 표현하자면, 불의한 분노는 결함 있는 애정의 폭발이다. 팀 켈러는 다음과 같이 예를 든다.

"어떤 사람이 당신의 명성을 무시할 때 조금 화를 내는 것에는 아무 문제가 없다. 그러나 당신이 세계 곳곳에서 사람들에게 가해지는 끔찍한 불의보다 그 일에 열 배, 아니 백 배 더 화를 내는 이유는 무엇인가?

당신이 자신의 중요성과 안정감을 위해 사람들의 인정이나 좋은 명성이나 지위 같은 것을 찾는다면, 무언가가 당신이 그것을 소유하기를 방해할 때 당신은 걷잡을 수 없이 화를 내게 된다. 당신은 그것을 반드시 손에 넣어야 한다. 최고 이상이 되어야 한다. 그냥 무시하고 넘어갈 수는 없다.[12]

자신이 화를 내는 일반적인 배후를 깊이 파고든다면, 추악한 사실을 발견할 것이다. 소셜미디어에서 무시를 당하거나, 다

---

12) Keller, "The Healing of Anger."

른 운전자가 내 진로를 방해하거나, 직장에서 인정받지 못하거나, 의견이 반려되거나, 배우자에게 제대로 평가받지 못한다고 느낄 때 우리가 지나치게 심란해한다면, 자신을 너무 사랑하기 때문일 수 있다. 죄가 되는 분노는 우리의 어그러진 사랑, 때로는 뻔뻔스러운 자기애의 결과다. 우리의 가장 큰 사랑과 헌신을 재조정하여 영혼의 평화를 누릴 때 분노는 끝난다.

분노라는 광기에 대처하는 방식

다른 죄와 마찬가지로, 불의한 분노는 하나님의 은혜로 변화된 마음을 주장하지 못한다(롬 6:14). 벗어날 길을 찾거나 헤쳐 나가는 것이 늘 쉽지만은 않지만, 방법은 있다(고전 10:13). 분노를 물리치려면 분노의 근원, 곧 우리의 현실 인식 문제를 풀어야 한다. 그 일은 결코 만만치 않을뿐더러 짜증도 나겠지만, 다음 세 단계가 이 광기에 대처하는 한 가지 길을 제시할 것이다.

1. 분노를 초기에 분석하라

가능한 한 빨리 분노의 출처를 찾아야 한다. 화가 슬슬 올라올 때, 스트레스를 받기 시작하면서 욱하는 기분이 들 때 하나님의 음성을 들을 수 있어야 한다. "대체 무엇 때문에 화를 내는 것이냐?" 멈추고 이렇게 질문하라. "내가 이렇게 방어적이고 감정적이 될 정도로 이것이 중요한 일인가? 나는 무엇을 그토록 사랑하기에 내 마음이 이런 분노를 느끼는가?"

우리의 애정을 검토하는 것은 부적절한 공격성을 잠재우는 가장 좋은 방법이다. 내 경우, 자녀들이 순종하지 않을 때 거듭 화를 내게 된다. 물론 아이들의 어리석은 행동에 적절하게 화를 내는 것은 옳다. 나는 아이들을 사랑하고, 아이들의 어리석은 행동은 해롭기 때문이다. 하지만 다른 한편으로, 자녀들이 말을 듣지 않는 것이 진짜 문제가 아닐 때도 있다. 아이들이 말을 듣지 않으면 내가 불편하기 때문에 화를 내는 것은 아닐까? 내가 나 자신보다 아이들을 더 사랑한다면, 아이들이 순종하지 않을 때 매우 주의하고 절제하면서 참을성 있게 분노를 드러낼 것이다. 아이들은 내가 사랑하는 대상이고, 내 분노는 아이들의 성장을 방해하는 어리석음이란 위협을 다루어야 하기 때문이다. 하지만 내가 자신에게만 관심이 있다면 아이들을 사랑해서 화를 내는 것이 아니다. 아이들이 말을 듣지 않아서 내게 끼치는 불편함만 다루게 된다. 이런 분노는 충동적이고 근시안적이며, 아이들이 아니라 내게 가장 좋은 것 위주로 생각하게 한다. 그런 순간에 나는 아이들이 아니라 나 자신을 사랑하는 것이다.

언제든 분노가 고개를 들기 시작할 때 던져야 할 첫 번째 질문은 이것이다. "대체 무엇 때문에 화를 내는 것이냐?" 지금 나는 '누구'를 사랑하고 있는가? 내가 진심으로 신경 쓰는 사람은 누구인가?

2. 당신의 어리석음을 슬퍼하라

우리는 자기 죄를 슬퍼해야 마땅하다. 우리의 분노 아래 숨은 사랑에 대해 팀 켈러는 이렇게 말한다. "많은 경우, 당신이 옹호하는 것은 당신의 자아(ego), 당신의 자존심과 자부심이기 때문에 대개 당신은 금방 당황스러워할 것이다." 분노가 알려 주는 우리의 자기중심성과 어리석음에 귀를 기울이라. 최선의 경우 당황할 테고, 최악의 경우에는 절망할 것이다. 자기 마음의 뚜껑을 열어젖히고 이런 뒤틀림을 찾아내는 일은 고통스럽기 마련이다.

하지만 우리 마음이 뒤틀린 만큼이나, 우리는 담대하고 소망에 찬 슬픔으로 이 어두움을 마주할 수 있다. 이 뒤틀림이 정말로 존재하기는 하지만, 우리를 정죄하거나 무너뜨릴 수는 없기 때문이다. 우리가 그리스도 안에 있다면, 우리의 잘못된 사랑에 대한 대가를 이미 그리스도께서 치르셨다. 예수님은 우리가 받아야 할 진노를 떠안으시고 죄책에서 우리를 해방하셨다. 죽은 자들 가운데서 다시 사셔서 우리에게 죄를 다스릴 능력을 주셨다.

우리는 우리 영혼이 하나님의 은혜를 받는 데 얼마나 느린지 슬퍼함이 옳다. 우리는 주변에서 벌어지는 낙태보다 자아가 상처를 입었을 때 더 동요하는 자신을 발견하고는 슬퍼하게 된다. 망가진 세상을 치유하는 일에 손을 들기보다는 무례한 언론에 주먹을 흔들어 대는 자신의 모습에 슬퍼하게 된다. 목소리를 내지 못하는 사람들의 권리를 공개적으로 옹호하기보다는 자신에게 반대하는 사람들을 속으로 조롱하는 모습에 슬퍼하게 된다. 우리는 이런 일들을 마음속 깊이 심각하게 슬퍼하면서, 이런 상황을 그대로 두는 데 만족하지 못한다. 슬퍼하면서 회개에 이르게 된다(고후 7:9-10).

우리가 정말로 철저하게 자기 마음속을 들여다본다면, 화를 내서는 안 될 일에 화를 내고 하나님이 분노하시는 일에는 분노하지 않았다는 사실에 슬퍼하게 된다. 그럴 때 우리는 단호히 돌아서서 이렇게 말해야 한다. "더 이상은 아닙니다, 주님.

더는 그러지 않도록 도와주세요." 하나님은 우리 마음속에 올바른 분노를 불러일으키고 잘못된 분노를 사라지게 할 능력이 있으시다.

3. 하나님의 분노를 기억하고 모방하라

분노는 우리가 사랑하는 대상을 보호하기 위해 움직이는 사랑이다. 분노의 운전석에는 애정이 있다. 우리가 화를 내는 이유를 알고 싶으면, 내면을 들여다보아야 한다. 그러려면 충실한 조사와 세심한 분석이 필요하다. 분노의 배후에는 여러 동기가 뒤섞여 불분명할 때가 많다. 그러나 하나님은 절대 그렇지 않으시다. 하나님의 진노는 항상 순수하고 거룩한 동기에서 흘러나오며, 그분의 온전한 사랑을 늘 드러낸다.

하나님은 사랑이시다. 그리고 무엇보다도 하나님은 그분의 빛나는 성품을 사랑하신다. 하나님은 그분 마음의 진실이 드러날 때 기뻐하신다. 그것을 우리가 볼 때 기뻐하신다. 좋은 소식은, 우리는 그분을 볼 때 가장 행복하다는 것이다. 그것이 바로 우리가 창조된 이유다. 우리 영혼은 하나님의 영광을 바라보고, 그분의 가치를 누리며, 그분의 온전하심 가운데 만족한다. 하나님은 우리에게 '이것'을 보여 주기 가장 좋아하시는데, 우리 영혼은 이것, 곧 하나님의 영광을 바라보고 누리며 드러내는 것을 가장 갈망한다.

다시 말해, 하나님의 영광에 대한 그분의 지칠 줄 모르는 헌신은 하나님이 우리에게 가장 큰 기쁨을 주시기 위해 헌신하신다는 뜻이다. 따라서 하나님이 분노하시는 모든 일에는 그분의 영광과 우리의 기쁨을 보호하려는 목적이 있다. 하나님의 진노는 제멋대로이거나 변덕스럽지 않으며, 오히려 우리의 영원한 선을 가로막는 대적을 제거하기 위해 정확히 계산된 효과적인 반응이다. 이 분노를 보여 주는 최고의 예가 예수님의 십자가이다. 예수님의 십자가는 세상이 시작하기 전에 계획되었고(계 13:8), 수많은 난관을 극복하고 실행되었으며, 극적이면서도 확정적으로 성취되었다(사 53:11).

죄가 되는 분노와 싸우는 최고의 방법은 하나님의 분노를 기억하는 것이다. 그분의 사랑을 기억하고, 그 사랑을 위협하는 모든 것을 없애기 위해 그분이 어떤 대가를 치르셨는지 기억하는 것이다. 하나님의 사랑을 볼 때만이, 그분의 사랑에 맞추어 우리의 사랑을 조정할 때만이 우리의 분노가 거룩해질 수 있다. 하나님처럼 사랑할 때 우리의 분노는 정당성을 얻는다. "대체 무엇 때문에 화를 내는 것이냐?" 그 답은 하나님의 영광을 공격하는 것들 때문이어야 한다. 시간이 흘러, 최종적으로는 그 마지막 날에 이런 사랑은 올바른 분노를 낳고, 모든 잘못된 분노를 사라지게 할 것이다.

분노의 해독제는 엄격한 금욕주의나 차가운 무관심이 아니다. 가장 사랑할 만한 것을 미치도록 사랑하는 것이다. 하나님이 우리를 온전히 사로잡으시도록 끈질기게 추구할 때 죄가 되는 분노가 사라지기 시작한다. 마침내 하나님이 우리를 가득 채우시고, 하나님이 가치 있게 여기시는 모든 것을 우리도 가치 있게 여기게 된다. 하나님의 경이로움을 '긍정'하고 그분이 점점 더 우리를 사로잡도록 내드릴 때, 죄가 되는 분노와 그 분노가 우리를 갉아먹는 반복된 형태를 '거부'하게 된다.

5장

나태

_ 토니 레인케

나는 아이들을 종종 동물원에 데리고 간다. 그때마다 아이들은 동물들의 관심을 끌고 싶어 한다. 원숭이를 보고 소리를 지르거나 물고기에게 먹이를 주는 것처럼 아이들이 동물과 보내는 시간은 대부분 반응하고 상호작용하는 활동이다. 그런데 우리 아이들은 나무늘보 옆은 그냥 지나간다. 나뭇가지 한쪽에 축 늘어진 나무늘보는 주변에서 무슨 일이 벌어져도 상관없고 자기만 편안하면 그만이라는 듯하다.

그리스도인의 삶에서 나태는 그다지 아름다운 모습이 아니다. 영혼을 썩게 하는 무관심과 다른 사람들에 대한 무심함으로 무장한 나태가 일곱 가지 죄 가운데 한자리를 차지한 것은 당연하다. 나태는 언뜻 단순한 게으름처럼 보이지만, 사실은 게으름뱅이와 일중독자와 무기력한 사람 이렇게 세 인격체로 표현되는 복잡한 죄다.

게으름뱅이

우리에게 가장 익숙한 나태의 모습은 게으름이다. 잠언은 나태한 사람들을 게으른 자라고 부르면서, 생생한 이미지로 그들의 정신을 깨우려 한다. "게으른 자여 개미에게 가서"(잠 6:6). 개미에게는 움직이라고 재촉할 필요가 없다. 부지런히 준비하여 음식을 모으라고 알려 줄 필요도 없다. 잠언은 이어서 직설적으로 경고한다. "좀더 자자, 좀더 졸자, 손을 모으고 좀더 누워 있자 하면 네 빈궁이 강도 같이 오며 네 곤핍이 군사 같이 이르리라"(10-11절).[1] 우리는 성경 전체에서 나태에 대한 인상적인 묘사와 경고를 볼 수 있다.

"게으른즉 서까래가 내려앉고 손을 놓은즉 집이 새느니라"(전 10:18).

"누구든지 일하기 싫어하거든 먹지도 말게 하라"(살후 3:10).

---

[1] 이 말씀은 가난이 게으름의 유일한 결과라고 주장하는 것이 아니다. 가난은 가정 형편이나 노화, 신체장애, 자연재해를 비롯하여 근면한 노동 습관으로도 타파할 수 없는 예측이나 극복 불가능한 모든 환경의 결과로 올 수 있다(행 11:27-30). 이런 곤궁한 성도들을 위해, 교회는 그들을 기억하고 적절하게 사랑해야 할 책임이 있다(롬 15:25-26; 갈 2:10).

지역 교회에 있어 한가한 손은 암적인 존재이다. 우리는 게으른 사람들을 적절한 위협으로 취급하여 경고해야 한다(살후 3:6-15). 다른 상황에서, 예수님은 재정을 현명하게 사용한 종을 칭찬하셨다(마 25:16-30). 간단히 말해 하나님은 우리가 자신의 재정과 소명과 시간을 게으르지 않고 부지런히 사용하는 데 관심이 있으시다.

일중독자

게으른 사람을 보고 나태를 지적하기는 쉽다. 그런데 나태의 놀라울 만한 또 다른 예가 있다. 탄탄한 경력은 중요하지만, 직업에 충실하겠다는 핑계로 영원한 생명을 구하고 찾고 두드리는 일을 소홀히 할 수 있다(마 7:7-14).

일중독은 나태의 한 형태인데, 개인의 승진이나 포상에 집중하여 노동을 자기중심적으로 사용하기 때문이다. 하나님 나라 경제에서 노동은 자아를 드러내는 도구가 아니라, 다른 사람들을 지원하는 수단이다. 소명은 다른 사람들의 필요를 채우는 데 몰두하는 사랑이다. 이웃보다 자신이 우월함을 증명하거나 이웃보다 더 많이 소유하려고 녹초가 되도록 일하는 일중독자는 게임에 인생을 낭비하면서 자기 소명을 갉아먹는 사람만큼이나 나태한 사람이다(전 4:4-5). 게으름뱅이와 일중독자는 둘 다 자기중심성을 드러낸다. 두 사람 모두 자기 삶을 스스로 통제하려는 욕구를 표출한다. 둘 다 사랑하기 위해 살지 않는다. 예배하기 위해 살지 않는다.

무기력한 사람

나태에 대한 가장 흔한 오해는 나태한 사람에게는 아무 욕구가 없다는 것이다. 이는 세 가지 면에서 거짓이다. 첫째, 게으름뱅이를 조종하는 것은 욕구다.

"게으른 자는 마음으로 원하여도 얻지 못하나 부지런한 자의 마음은 풍족함을 얻느니라"(잠 13:4).

"게으른 자의 욕망이 자기를 죽이나니 이는 자기의 손으로 일하기를 싫어함이니라 어떤 자는 종일토록 탐하기만 하나"(잠 21:25-26).

삶을 통제하려는 이 욕구는 이기적인 편안함을 손에 넣으려는 열망으로 영혼을 부패하게 한다. 둘째, 일중독자 역시 욕구에 조종당한다.

"또 어떤 이는 가시떨기에 뿌려진 자니 이들은 말씀을 듣기는 하되 세상의 염려와 재물의 유혹과 기타 욕심이 들어와 말씀을 막아 결실하지 못하게 되는 자요"(막 4:18-19).

셋째, 무기력한 사람이 있다. 무기력한 사람도 바쁘게 살지만, 어느 정도 일하고 나면 안락함을 즐기는 삶으로 돌아온다. 안락함이야말로 그가 가장 바라는 것이다. 날마다 할 일을 처리하기 위해서 그의 영혼은 무감각해진다. 그의 영혼은 하나님을 볼 수 없기에 그가 날마다 감당해야 할 일은 점점 더 무거워진다(눅 21:34-36).

프레드릭 뷰크너는 무기력에 대해 이렇게 경고한다. "나태와 게으름을 혼동해서는 안 된다. 나태한 사람도 아주 바쁠 수 있다. 나태한 사람은 무슨 일이든 마지못해서 하고 무의식적으로 한다. 심한 코감기에 걸린 사람처럼 미각과 후각을 대부분 잃어버린다. 그는 자신에게 무언가 잘못되었음을 알지만, 무슨 조치를 취할 정도까지는 아니라고 생각한다. 멍한 눈을 한 그는 주변에 누가 왔다갔다 하는지 거의 알아차리지 못한다. 그는 상황이 그냥 알아서 돌아가도록 내버려 둔다. 자기 인생이 그냥 흘러가게 내버려 둔다."[2]

마찬가지로 리처드 존 뉴하우스는 현대의 나태를 "텔레비전이 지워 버린 무수한 저녁. 즐기는 것도 배우는 것도 아닌, 시간과 의무를 무의식적으로 방어하는 저녁"으로 정의한다. 그는 무엇보다도 나태란 "무관심, 곧 다른 사람들의 삶과 그들과 함께하시는 하나님의 삶에 대한 연민에 동참하기를 거부하는 것"이라고 썼다.[3]

무기력한 사람은 아무것에도 이끌리지 않는 것이 아니라, 사랑하려는 욕구를 상실하고 진정한 만족에 대한 취향을 잃어버렸을 뿐이다. 주일, 가장 중요한 일을 앞에 두고 그의 눈은 멍하기만 하다.

윌리엄 윌리몬은 이렇게 한탄한다. "우리가 주일에 교회에서 쉽게 볼 수 있는 냉담하고 무기력한 시선은 일종의 절망에 대

---

[2] Frederick Buechner, *Wishful Thinking: A Theological ABC* (San Francisco: Harper & Row, 1973), 89-90; 프레드릭 뷰크너, 『삐딱한 그리스도인을 위한 통쾌한 희망사전』, 이문원 역, 복있는사람, 2005.

[3] Richard John Neuhaus, *Freedom for Ministry* (Grand Rapids: Eerdmans, 1992), 227.

한 증거다. 방황하는 눈과 떠도는 마음도 마찬가지다. 우리가 사는 시대는 너무 많은 것이 우리의 관심을 흐트러뜨리고, 주의력 결핍 장애가 넘쳐난다. 영원한 가치가 우리의 관심을 끌지 못한다면, 우리의 눈과 마음은 끊임없이 흔들리며 방황하고 가치 있는 것에 집중하지 못하게 된다. 나 역시 우리 교인들보다 나을 게 하나도 없는 사람이다."[4]

진정한 사랑은 열정적이고 건강한 영혼의 열매다(롬 12:10-11). 하지만 무기력한 사람은 세상이 주는 것에 대한 공허한 욕구에 이끌리고, 일상과 다른 사람들의 필요에 치이고, 산만함에 습관적으로 중독되어 점점 더 귀가 무뎌진다. 이것이 무기력한 사람의 나태함이다.

나태와 여유

이 세 종류의 나태를 철저히 드러냄으로써 우리는 자신의 삶에서 이런 성향을 찾아 그것을 떨칠 수 있다. 매우 역설적이게도 자유 시간을 섬기는 게으름뱅이, 자신의 가치를 스스로 구

---

[4] William H. Willimon, *Sinning Like a Christian: A New Look at the 7 Deadly Sins* (Nashville: Abingdon Press, 2013), 85.

축하려는 일중독자, 아무 생각 없이 흘러가는 대로 사는 무기력한 사람, 이 셋은 모두 진정한 여유를 누릴 능력을 잃어버렸다. 철학자 요제프 피퍼는 이 세 가지 나태를 하나로 묶는 것은 삶을 통제하려는 욕구라고 주장한다. "여유는 적극적으로 개입하는 사람의 태도가 아니라, 모든 것에 열려 있는 사람의 태도다. 움켜쥔 사람의 태도가 아니라, 긴장을 풀고 자유와 편안함을 즐기는 사람의 태도다. 마치 스르륵 잠이 드는 사람처럼 말이다."[5] 다시 말해 나태한 사람들은 안락함을 유지하기 위해 필사적으로 자기 삶을 통제하려 든다. 다른 사람들의 필요 때문에 방해받는 일을 끔찍이 두려워한다. 그는 방향을 바꾸시는 하나님께 반응할 수 없다. 그의 삶은 자기중심적이고 실용적으로 변한다. 진정한 여유는 나태한 사람들을 피해 간다.

우리는 하나님의 아름다움을 보지 못할 때 여유를 즐기기를 실패한다. 단테는 『신곡: 지옥』에서 바로 그 모습을 그린다. 거기서 그는 두꺼운 토사와 진흙으로 흙탕물이 된 강둑으로 간다. 그는 나태한 사람의 침수된 집을 내려다보는데, 고통에 시달리는 몸은 보이지 않고 표면에 부글거리는 진흙과 그르렁거

5] Josef Pieper, *Leisure: The Basis of Culture* (San Francisco: Ignatius Press, 2009), 47.

리는 목소리뿐이다. 그는 그들이 부르는 소름 끼치는 노랫소리에 귀를 기울인다. "'그때 우리는 햇살 아래 달콤한 대기 속에서 나른한 안개를 마음에 품고 우울했었지. 이제는 시커먼 늪에 빠져 질식하누나.' 이 노래가 그들 목구멍에서 그르렁거린다. 단어 하나조차 제대로 말할 수 없기에."[6]

나태한 사람들은 영원히 이 방탕을 한탄한다. 이생에서 자기 밖에 사랑할 줄 모른 그들은 이제 영원히 사랑받지 못한다. 창조세계의 달콤한 대기를 즐기지 못한 그들은 이제 진흙 속에서 숨을 쉬어야만 한다. 피부에 닿는 따스한 태양을 즐기지 못한 그들은 이제 검은 늪 속에 잠겨 있어야 한다. 이것이야말로 나태를 제대로 진술해 주는 문장이다. 나태의 핵심에는 하나님이 주시는 선물을 기대하는 마음이 없다. 나태는 하나님의 아름다움을 보지 못하고 듣지 못한다. 나태는 진정한 여유를 누릴 능력이 없다.

게으름뱅이들은 자신의 안락함만 지키려 하고, 하나님의 아름다움을 점점 더 보지 못하게 된다. 일중독자들은 자신의 월급과 권력, 좋은 인상만 꽉 붙들려 하고, 하나님 앞에 선 피조

---

[6] *Inferno: The Comedy of Dante Alighieri*, ed. Dante Alighieri and Tom Simone (Newburyport: Focus, 2006), 70.

물로서 성장하는 데 필요한 여유를 놓친다. 무기력한 사람들은 인생을 방해물의 연속으로 보고, 사소한 일들에 파묻혀 오락가리로 기분전환이나 하면서 서서히 영적 혼수상태에 빠진다. 하나님 안에 있는 진정한 여유와 기쁨은 그들을 피해 간다. 그들은 게으른 영혼의 소유자다. 토머스 맨턴이 말한 대로, "영원한 기쁨은 게으른 영혼의 입속으로 그냥 떨어지지 않는다. 영원한 기쁨은 하찮은 것이 아니어서 성실함과 진지함이 필요하다"(빌 2:12; 히 11:6).[7] 이 세 가지 형태의 나태는 모두 하나님을 따분하게 여기기에 죽을 수밖에 없는 운명이다. 나태는 죽음이다.

세상에서, 교회를 위해, 마음으로부터

게으름뱅이, 일중독자, 무기력한 사람 이렇게 나태 삼총사는 우리의 기존 전제들을 흔들어 놓는다. 나태를 보여 주는 가장 좋은 방법은 나태가 아닌 것을 보여 주는 것이다. 바울의 의도인지 아닌지는 알 수 없으나, 데살로니가전서 4장은 이 세 형태의 나태를 모두 다룬다.

---

[7] Thomas Manton, *The Complete Works of Thomas Manton* (London: James Nisbet & Co., 1873), 11:458.

나태는 모든 피조물이 한 가지 혹은 그 이상의 환경에서 번성하도록 창조되었다고 오해한다. 이는 동물의 세계에서 명확히 드러나는데, 하나님의 형상을 입은 사람에게 있어서도 마찬가지다. 그러나 나태한 삶의 반대는 다음 세 가지 균형 잡힌 환경에서 번성하는 온전한 삶이다. (1) 세상 속에서 나의 일상, (2) 교회를 위한 나의 소명, (3) 하나님과 누리는 기쁨. 우리는 세상에서, 교회를 위해, 마음으로부터 일한다.

환경 1: 세상 속에서 나의 일상(살전 4:11-12)

하나님은 우리 일상에 관심이 많으시다. 우리가 지각하지 않고 열심히 일하며 가정을 잘 관리하기 원하신다. 우리가 직장과 가정에서 매일 하는 일은 다른 이들 눈에 띈다. 조용하고 신실한 삶은 하나님의 가치를 드러내는 담대한 증언이다. 우리는 자신의 안락함을 보호하기 위해서가 아니라, 교회의 하나님 사역을 지원하기 위해 산다. 근면한 일상이 나태를 해소한다.

환경 2: 교회를 위한 나의 소명(살전 4:9-10)

교회가 성장하려면, 교인들이 재정적으로 자립해야 한다. 지역 교회가 지역과 국가, 세계에서 선교 활동을 펼치려면 재정적인 지원이 필요하다. 게으름뱅이, 일중독자, 무기력한 사람은 모두 사랑이 부족하다는 공통점이 있다. 나태는 게으른 사랑이다.[8] 나태한 사람들은 필요를 기회가 아니라 방해거리로 본다. 바울은 우리가 먼저 자신의 일상을 잘 단속하고 그 열매를 다른 사람들의 필요에 적용할 때 (지역, 국가, 세계) 교회를 향한 형제애가 생긴다고 모든 그리스도인에게 일깨운다. 평범한 그리스도인들이 재정적으로 자립하고 가정을 잘 다스릴 때 그들의 재능과 시간을 활용하여 지역과 세계 교회를 섬길 수 있다.

환경 3: 하나님과 누리는 기쁨(살전 4:13-18)

그리스도인이 나태를 피해야 하는 환경이 한 가지 더 있는데, 이는 나머지 환경들을 초월하는 어마어마한 환경이다. 세상 속에서의 일상이나 교회를 위한 소명도 중요하지만, 무엇보다도 우리는 하나님을 기뻐하는 삶으로 부름받았다. 우리는 보이지 않는 실재를 감탄하면서 살도록 창조되었다. 우리는 보이지 않는 구세주를 기대하고 믿는다. 그분이 죽은 자들 가운데서 부활하시고 장차 다시 오실 것을 믿는다. 우리 몸이 죽은 자들 가

---

[8] Rebecca DeYoung, *Glittering Vices: A New Look at the Seven Deadly Sins and Their Remedies* (Grand Rapids: Brazos, 2009), 79-98.

운데서 다시 일어날 것을 믿는다. 우리는 모든 영원한 소망을 그리스도께 둔다. 다시 말해 우리는 이 세상을 사는 가운데 또 다른 세상을 산다. 오전 9시부터 오후 5시까지 열심히 일하고, 자녀를 기르고, 잔디를 깎고, 다른 교인들을 돌보고, 잃어버린 자를 섬기는 것만으로는 부족하다. 우리는 살아 있는 소망과, 보이지 않는 것을 즐거워하는 하나님 중심의 기쁨을 누리는 그리스도인으로서 이 모든 일을 해야 한다.

우리가 통제할 수 없는 역사 속에서 모든 것이 어디로 향하는지 완전히 알지 못한 채 자신이 하나님의 계획에 사로잡혀 질주하고 있음을 생생히 인식할 때 나태는 죽는다. 그러나 그리스도 안에서 우리는 그 삶이 놀라운 삶이 될 것을 안다. 그래서 안심한다. 우리는 무기력한 사람처럼 삶을 그냥 흘려보내지 않는다. 하나님을 믿고 삶의 모든 걸음을 사랑한다.

머리가 셋 달린 나태 처단하기

데살로니가전서 4장은 이 세 가지 나태가 어떻게 함께 번성하는지 보여 줌으로써 이들을 각각 폭로한다.

나태의 형태	환경	무관심의 대상
게으름뱅이	세상 속 일상	이웃
일중독자	세계 선교	교회
무기력한 사람	우주적 기쁨	하나님

게으름뱅이는 매일의 일상에서 근면해야 한다는 요청에 맞닥뜨린다. 일중독자는 교회에서 다른 그리스도인들을 사랑하는 일에 투자해야 한다는 요청에 맞닥뜨린다. 무기력한 사람은 하나님과의 진정한 기쁨을 누려야 한다는 요청에 맞닥뜨린다. 그는 그리스도와 연합하는 영광과 복음에 나타난 하나님의 우주적인 사역을 깨달아야 한다.

어떤 의미에서, 나태에 가장 적절한 대처 방법은 지역 교회에서 찾을 수 있다. 나태는 교회를 이길 수 없다. 제대로 모이기만 한다면, 교회 모임 자체가 우리의 영광스러운 일과의 일부분이다.[9] 공동체에서 우리가 예배하기 위해 모일 때 나태는 진

---

[9] 나태는 시기와 다른 죄들에 문을 열어 주어 지역 교회를 망가뜨린다. "중세 전통에 따르면, 일곱 가지 죄 가운데 나태(무감각)가 있다. 나태는 완고하고 기쁨이 없는 냉담한 마음을 말하는데, 오늘날 기독교계 여기저기에 그러한 죄가 만연해 있다. 그 증상은 개인의 영적 무력증과 더불어 교회에 비판적인 냉소주의를 보이며, 다른 그리스도인들의 진취성에 대해 거드름을 피우며 분개하는 것이다." J. I. Packer, *Knowing God* (Downers Grove: InterVarsity Press, 1993), 106; 제임스 패커, 『하나님을 아는 지식』, 정옥배 역, IVP, 2008.

정한 여유를 발견할 것이다.[10] 우리는 우리가 사는 지역과 세계 곳곳에 흩어진 다른 신자들을 사랑하고 지지하기 위해 모인다. 모여서 하나님을 즐거워하고 경이로워한다. 우리 구주의 성육신과 생애, 죽음과 부활을 누리고, 그분의 재림과 우리 몸의 부활을 함께 고대한다. 그때 우리는 더 확실하고 강렬하게 그분을 보고 경험할 것이다.

지역 교회는 나태한 사람이 삼키기에는 쓴 약이다. 그러나 그 삼키기 어려운 부분이 게으름뱅이와 일중독자와 무기력한 사람에게 좋은 약이 될 것이다. 우리는 온전한 삶을 살기 위해, 일상을 감당하고 선교하며 종말을 기다리는 사람으로 성장하기 위해, 하나님 안에서 소망과 사랑과 기쁨을 더 많이 누리기 위해 나태를 내려놓는다.

---

10) 피퍼가 *Leisure*에서 궁극적으로 주장하는 바다.

6장

탐욕

_데이비드 마티스

"탐욕은 좋은 것이다."

마이클 더글라스(Michael Douglas)가 영화 "월 스트리트"(Wall Street, 1987)에서 연기한 할리우드의 유명한 악당, 고든 게코가 한 말이다. 탐욕은 오랫동안 "자본주의의 도깨비"[1] 같은 존재, 자유시장의 보이지 않는 손을 움직이는 악이었다. 경제학자 애덤 스미스(Adam Smith)는 우리가 탐욕에 더 달콤한 이름을 붙여야 한다고 제안했을지도 모른다. 스미스 이후로 알프레드 마샬(Alfred Marshall)은 "돈을 사랑하는 것"을 옹호하는 데까지 나아갔다. 물론, 그 동기가 "우리 본성의 가장 높고, 가장 세련되고, 가장 이기적이지 않은 많은 요소" 중의 한 가지라면 말이다. 하지만 디모데전서 6장 10절과 히브리서 13장 5절에서처럼 신약 성경은 돈에 대한 사랑을 분명히 정죄한다.

---

[1] John Paul Rollert, "Greed Is Good: A 300-Year History of a Dangerous Idea" in *The Atlantic*, 7 April 2014. 웹페이지 http://www.theatlantic.com/business/archive/2014/04/greed-is-good-a-300-yearhistory-of-a-dangerous-idea/360265 에서 볼 수 있다.

오늘날은 탐욕이 흘러넘치는 시대다. 언제 어디에서나 탐욕과 마주치고, 거의 모든 광고에서 탐욕이 우리에게 손짓한다. 탐욕은 일상적인 상호작용의 구조 속에 밀접하게 엮여 있다. 우리가 알아차리지 못하도록 아주 교묘하게.

탐욕은 우리의 재정에 대한 불안정한 양심을 갉아먹는다. 우리는 통제되지 않은 탐욕이 '공공의 선'에 의도치 않게 가져오는 이익 때문에 그 추악함을 공공연히 인정한다. 아마도 우리는 탐욕의 현장을 포착하고는 한숨을 내쉴 것이다. 그러나 전형적으로 탐욕은 매우 조심스러워서 눈에 띄지 않게 번식하고 배가되고 종잡을 수 없이 만연해진다.

우리 사회는, 일반 은혜 덕분에 이론적으로는 탐욕을 정죄할 수 있다. 그러나 탐욕을 구체적으로 지적하는 데는 더디다. 특히 그 손가락이 우리 자신을 향할 때는 더더욱 그렇다. 존 폴 롤러트는 이렇게 말한다.

"우리가 어떤 행동을 거부하면서도 그 실례를 좀처럼 인정하지 않는다면, 도덕적 제약이라는 부담 없이 고상함을 유지하는 혜택을 누리는 셈이다. 우리는 또한 그 행위를 복으로 추정하면서 대담하게 만든다. 공적 담론과 고상한 대화에서 '탐욕'은 '선'

이 될 가능성이 적지만, 최종 결과가 똑같아 보이도록 만들려고 굳이 악덕이 미덕이 될 필요는 없다."[2]

우리는 무한한 탐욕을 공식적으로 인정하지는 않을지 몰라도, 그 탐욕을 수천 번 눈감아 주고 그에 대한 의구심을 꿀꺽 삼킨다. 그렇게 잡초는 무성하게 자라서 우리가 탐욕에 제공하는 모든 땅을 채운다.

성경과 우리의 내면

자본주의가 탐욕의 근원은 아니다. 성경은 탐욕에 대해 자주 경고했고 교회는 1,500년이 넘게 탐욕을 일곱 가지 죄로 꼽았다. 현대에 고든 게코와 스크루지가 있다면, 성경에는 엘리사의 욕심 많은 사환 게하시(왕하 5:20-27)와 곳간을 더 크게 지으려 했던 어리석은 부자(눅 12:16-21)가 있다. 그중에서도 가장 인상적인 사람은 가룟 유다. 그는 은 30개에 자신의 멘토이자 친구일 뿐 아니라 인간의 육신을 입은 하나님을 배신했다.

---

[2] 앞의 글.

모든 사람이 마음속 깊은 곳에서부터 탐욕을 너무도 잘 알고 있다. 탐욕은 가난한 사람과 부자, 극악무도한 범죄자와 신앙을 고백하는 신자의 마음속에 모두 도사리고 있다. 우리는 아퀴나스가 "한계를 모르는 이익을 추구하려는 욕구"라고 말한 탐욕스러운 욕구를 자신의 영혼 속에서 느낀다. 우리는 "족한 줄을 모르는"(합 2:5) 탐욕의 유혹을 경험했으며, 타의 추종을 불허할 정도로 "탐욕에 연단된 마음"(벧후 2:14)을 지닌 사회에 살고 있다.

우리는 탐욕을 완곡하게 소비주의나 비축, 과도한 쿠폰 수집, '미래를 위한 저축' 같은 애칭으로 부를지도 모르겠다. 그러나 우리는 선물을 고르면서, 백화점 통로를 걸어가면서, 쇼핑 카탈로그를 뒤적이면서, 광고판 앞을 지나가면서, 텔레비전과 인터넷에서 광고를 보면서, 직원에게 팁을 얼마나 줄지 고민하면서 탐욕의 강력한 끌림을 느낀다. 탐욕은 '저 멀리' 있는 사회와 우리가 아는 사람들 사이뿐 아니라, '여기' 곧 우리 교회와 가족과 우리 마음속에 뿌리를 내린 위험한 잡초다. 하지만 이 억센 잡초를 잘라내기 전에, 먼저 탐욕의 본성과 책략(그 뿌리가 얼마나 깊은지)을 살펴보고, 구체적으로 어떤 무기가 가장 강력한 효력을 발휘하는지 알아볼 필요가 있다.

좋은 욕구가 잘못될 때

탐욕은 부와 재산을 소유하려는 과도한 욕구다. 레베카 드영은 탐욕을 "돈이나 돈으로 살 수 있는 소유물에 대한 지나친 사랑"[3]으로 정의한다. 성경에서 탐욕은 물건이나 소유물을 간절히 바란다는 뜻의 탐심과 대체로 동의어다. 탐심이 십계명의 마지막 계명(출 20:17, "탐내지 말라")이라는 점은 의미심장한데, 마치 탐욕의 심각성을 전달하는 것만 같다. 성경 다른 곳에서 탐욕은 "부하려 하는 [욕구]"(딤전 6:9)로 나타난다. 그다음에는 "돈을 사랑함이 일만 악의 뿌리"(10절)라고 표현되기도 한다(히 13:5도 보라). 또 다른 예는 보물을 땅에 쌓아 두는 것인데, 이는 하늘에 보물을 쌓아 두는 것과 대조된다(마 6:19).

성경과 우리 삶에 드러나는 탐욕의 이런 모습들이 굉장히 물질적이기는 하지만 탐욕은 과도한 욕구요, 무질서한 사랑, 마음의 반역, 잘못된 갈망(딤전 6:10에서처럼)이라는 점에 주목하는 것이 중요하다. 예수님은 "속에서 곧 사람의 마음에서 나오는 것은 악한 생각 곧 음란과 도둑질과 살인과 간음과 탐욕과 악

3] Rebecca DeYoung, *Glittering Vices: A New Look at the Seven Deadly Sins and Their Remedies* (Grand Rapids: Brazos, 2009), 100.

독과 속임과 음탕과 질투와 비방과 교만과 우매함이니"(막 7:21-22)라고 말씀하신다.

탐욕은 좋은 욕구가 잘못된 것이다. 하나님은 인간이 무언가 획득하기 원하는 건강한 욕구를 소유하도록 창조하셨고, 풍성한 창조세계를 다스리는 권한을 주셨다. '탐내다'라는 말은 바라서는 안 되는 대상을 바라거나, 무언가를 지나치게 바란다는 뜻이다. 소유에 대한 갈망 자체는 선하다. 하나님은 갈망하는 분이시며, 우리를 갈망하는 존재로 설계하셨다. 언젠가 우리의 선한 욕구는 모두 충족될 것이다. 하지만 욕구가 과도하거나 엉뚱한 방향으로 튀면 죄가 된다. 그것이 죄의 본질이다.

이렇게 탐욕은 상반된 두 결과를 낳는다. 탐욕은 단순히 이기적으로 부를 쌓은 사람들만 따라다니는 죄가 아니다. 탐욕은 가지지 못한 사람들도 쫓는다. 브라이언 헤지스는 이렇게 쓴다. 성경은 "탐욕의 문제를 돈이나 소유 그 자체보다는 우리 마음의 과도한 애정으로 정의한다. 이는 돈이 없는 사람에게도 탐욕이 문제가 될 수 있다는 뜻이다. 탐욕은 당신이 무엇을 소유하느냐가 아니라, 무엇이 당신을 점유하느냐의 문제다."[4] 탐

---

4) Brian Hedges, *Hit List: Taking Aim at the Seven Deadly Sins* (Minneapolis: Cruciform Press, 2014), Kindle locations 1047–1049.

욕은 낭비하는 사람과 인색한 사람을 똑같이 괴롭힌다.

극악하고 치명적이며 음흉한 주인

무엇이 우리를 점유하느냐 하는 것은, 우리가 무엇에 속박되었는지 알지 못할 때에도 하나님에 대해 의미심장한 것을 말해 준다. 우리는 탐욕에 굴복하여 예레미야 2장 13절의 저주 아래 놓인다. "그들이 생수의 근원되는 나를 버린 것과 스스로 웅덩이를 판 것인데 그것은 그 물을 가두지 못할 터진 웅덩이들이니라." 탐욕은 하나님의 공급을 신뢰할 수 없다고 말하며 하나님의 명예를 더럽힌다. 우리는 자신을 위해 필요 이상의 재물을 쌓는다. 또한 탐욕은 하나님과 그분의 공급이 우리 영혼의 갈망을 채우기에는 부족하다고 생각한다는 뜻이기도 하다. 우리는 물질, 곧 더 많고 더 비싸고 더 새로운 것들로 자신의 욕구를 채운다.

탐욕은 우상숭배다(골 3:5; 엡 5:5). 탐욕은 돈과 소유물을 향한 마음의 불신앙이다. 우리는 하나님과 그분이 주신 것만으로는 부족하다고 생각하고 다른 데를 찾아간다. 존 파이퍼에 따르면 그래서 탐욕은 "하나님에게서 얻어야 할 만족을 다른 데서 얻으려 한다."[5] 탐욕은 하나님이 아닌 다른 신을 만든다. 그렇게 해서 탐욕은 열 번째 계명뿐 아니라, 첫 번째 계명도 어기게 한다(출 20:3).

그렇다면 탐욕은 절대 가볍고 무고한 악이 아니다. 탐욕은 우리의 선한 욕구를 창조하신 분, 우리의 모든 필요를 채우시는 온 우주의 선하신 하나님에 대한 공격이다. 하나님은 "네 입을 크게 열라 내가 채우리라"(시 81:10)라고 말씀하셨지만, 탐욕은 몸을 구부려서 입 안 가득 진흙을 집어넣는다. 탐욕은 우리를 구원하는 믿음을 질식시키고 굶겨 죽인다(막 4:19). 그래서 예수님은 "너희가 하나님과 재물을 겸하여 섬기지 못하느니라"(마 6:24)라고 직설적으로 말씀하셨다.

믿음을 고백하는 신자가 회개하지 않는다면, 교회는 그의 탐욕을 징계해야 한다(고전 5:11). 직분자는 "돈을 사랑"하거나 "이득을 탐해서는" 안 된다(딤전 3:3, 8; 딛 1:7; 벧전 5:2). 세상은 탐욕스러울 수 있으나 하나님의 신부는 그래서는 안 된다(엡 5:3). 그럼에도 우리는 마음속에서 탐욕의 불꽃이 사그라들지 않는 것을 느끼고는 한다.

---

5) John Piper, *Future Grace: The Purifying Power of the Promises of God*, 2nd edition (Colorado Springs: Multnomah, 2012), 221; 존 파이퍼, 『장래의 은혜』, 차성구 역, 좋은씨앗, 2007.

탐욕은 우리가 창조된 선한 의도를 저버리고 창조주를 모욕하는 것이기에 반드시 그에 응하는 결과가 있을 것이다. 하나님이 자신의 명예와 그 자녀들의 기쁨을 지키실 것이다. 세상에서 가장 귀하신 하나님을 무시하고 그 이름에 먹칠을 한 자에게는 그분의 의로운 분노가 임해야 마땅하다. "[탐심을 포함해] 이로 말미암아 하나님의 진노가 불순종의 아들들에게 임하나니"(엡 5:6; 골 3:5-6).

탐욕은 다른 모든 죄처럼 죽음으로 대가를 치러야 하기에 치명적이다(롬 3:23). 자기 안의 탐욕을 경계하거나 대적하지 않고 깊어지고 퍼지도록 그냥 내버려 둔다면 이 땅에서의 관계와 재정에 악영향을 미칠 뿐 아니라, 영원한 죽음을 맞이할 것이다(약 1:14-15). 실제로, 탐욕을 부리는 자는 하나님 나라를 유업으로 받지 못한다(고전 6:10).

탐욕이 치명적인 두 번째 이유는 그 결과 파멸의 군대를 불러오기 때문이다. 탐욕은 가장 큰 악이다. 탐욕은 사랑을 가로막을 뿐 아니라(롬 13:9-10; 요일 3:17), 죽음을 낳는다. 거짓말(벧후 2:3), 다툼(잠 28:25), 싸움, 언쟁, 살인(약 4:2)까지 낳는다. "돈을 사랑함이 일만 악의 뿌리가 되나니"(딤전 6:10). 존 파이퍼는 "하나님이 아닌 돈에서 만족을 얻는 마음은 온갖 다른 종류의 악을 만들어 낸다"6)라고 설명한다. 빌리 그레이엄(Billy Graham)은 탐욕이 "아마도 다른 모든 죄보다 더 많은 악의 부모일 것"7)이라고까지 이야기한다. 그래서 우리는 탐욕이 우리 영혼에 치명타를 날리기 전에 탐심을 죽여야 한다(골 3:5).

탐욕을 물리치는 전략

탐욕과의 전쟁은 평생에 걸친 싸움이다. 한 번의 선택이나 대대적인 행동 한 번만으로는 이기기 어렵다. 우리가 마음 대부분을 제대로 된 주인께 돌리는 주요한 승리가 몇 차례나 있을지 모르겠다.

우리는 몇몇 패배가 예상되지만, 감사하게도 얻는 것이 더 많을 것이다. 탐욕은 우리가 미처 예상하지 못한 때에 공격하는 경우가 많아서, 최악의 게릴라전을 치를 때는 약간의 희생도 있을 것이다. 그러나 우리 안에서 착한 일을 시작하신 분이 그 일을 이루겠다고 약속하셨다. 물론, "그리스도 예수의 날"(빌 1:6)에야 비로소 완성되겠지만 말이다.

---

6) 앞의 책, 225.
7) Hedges, *Hit List*에 인용됨.

다른 모든 전쟁처럼, 이 전쟁에도 공격과 방어 전략이 필요하다. 방어 전략은 변장한 탐욕을 알아보고 그에 맞서는 것이다. 곧 탐욕이 덤불에 숨었을 때, 길에 난 흐릿한 발자국을 보고 그 존재를 알아차려야 한다. 탐욕은 대개 이웃의 삶이 아닌 우리 마음속에 있다. 복음에 나타난 하나님의 은혜는 우리의 잘못된 욕구와 행동을 용서할 뿐 아니라, "경건하지 않은 것과 이 세상 정욕을 다 버리도록"(딛 2:11-12) 우리를 훈련한다. 하나님의 은혜는 우리를 가르쳐서 우리가 삶에서 탐욕의 영향을 점점 더 알아차리게 하고, 그것을 알아차릴 때 물리치게 한다.

탐욕을 드러내기 위해 우리는 다음과 같은 간단한 질문을 던질 수 있다. "나는 그리스도인의 넉넉함을 드러내는 방식으로 물질을 사용하는가? 내가 물질을 사용하는 방식을 볼 때 무엇에서 가장 행복을 느낀다고 말할 수 있는가? 나는 이생을 위해 물질을 모으는가? 나는 복음 전파와 교회의 필요를 지원하기 위해 물질을 사용하는가? 혹은 다른 한편으로, 너무 신중하게 물질을 사용하는 나머지 가까운 사람들을 사랑하는 데 오히려 방해가 되지 않는가?"

그러나 방어만 해서는 전쟁에서 이길 수 없다. 공격도 해야 한다. 공격의 목적은 그저 우리를 탐욕으로부터 지키는 것(탐욕의 거짓말에 '아니오'라고 답하는 것)이 아니라, 그것을 넘어 우리 자신을 더 온전히 사랑에 넘겨주는 것이다. 탐욕은 부정한 욕망이 우리에게 기쁨을 주겠다고 하는 약속을 사수한다. 탐욕은 '저것만 가질 수 있다면 얼마나 행복할까'라고 속삭인다. 하지만 그리스도 안에서 우리는 죄를 포기할 뿐 아니라, 더 뛰어난 기쁨의 능력으로 공격해야 한다. 우리는 "더욱 힘써 [너희] 믿음에 덕을, 덕에 지식을" 더함으로(벧후 1:5) 탐욕에 대한 방어 태세를 강화하고 지옥의 문에 맞서 공격적으로 진군해야 한다.

그러나 탐욕이라는 원수를 지나치게 단순화한 개념에는 주의해야 한다. 탐욕의 반대는 선한 창조세계를 포기하는 금욕주의가 아니다. 그보다는 그리스도 안에 있는 더 깊고 온전하고 풍성한 만족을 누림으로써 만족을 모르는 탐욕에 맞서야 한다.

그리스도 안에 있는 만족

믿음은 탐욕에 대한 공격의 최전방에서 그 뿌리에 있는 불신앙을 겨냥한다. 특히 그리스도 안에서 만족하는 믿음, 하나님 안에서 궁극적인 만족을 추구하는 믿음이 그렇다. 그런 믿음(그리스도 안에 있는 그런 만족)은 탐욕의 가장 큰 적수다. 제러마이어 버로스는 만족을 "어떤 상황에서도 아버지 하나님의 지혜로운 처분에 기꺼이 복종하며 즐거워하는, 달콤하고 내적이며 은혜로운 영혼의 표현"[8]이라고 정의한다. 다시 말해서 만족은 괴로운 변화의 시기에 우리 내면이 흔들리지 않도록 잡아 주는 한결같은 믿음이다. 다음 세 본문이 이런 정의를 더 상세하게 그려 준다.

1. 그리스도가 비결이다

첫 번째 본문은 바울의 놀라운 증언을 담은 빌립보서 4장 11-13절이다.

"내가 궁핍하므로 말하는 것이 아니니라 어떠한 형편에든지 나는 자족하기를 배웠노니 나는 비천에 처할 줄도 알고 풍부에 처할 줄도 알아 모든 일 곧 배부름과 배고픔과 풍부와 궁핍에도 처할 줄 아는 일체의 비결을 배웠노라 내게 능력 주시는 자 안에서 내가 모든 것을 할 수 있느니라."

---

8) Jeremiah Burroughs, *The Rare Jewel of Christian Contentment* (Banner of Truth, 1964), 19. Hedges, *Hit List*에 인용됨.

바울은 빌립보 교회로부터 받은 재정 지원에 진심으로 감사했다. 그러나 그를 탐욕에서 지켜 준 것은 그리스도 안에 있는 자족함이었다. 바울이 그리스도 안에서 느낀 견고한 만족은 공급과 충분한 수입에 대한 그의 선한 욕구를 죄악된 무질서로부터 보호했다. 바울은 이것이 자신이 만족하는 '비결'이라고 말한다. 그런 내면의 안정감은 예수님은 자신을 찾는 자들에게 상을 주실 뿐 아니라(히 11:6), 그분이 곧 모든 것을 초월하는 가치를 지닌 보상이라는 사실을 아는 데서 나온다.

2. 믿음의 싸움을 싸우라

바울이 쓴 다른 본문을 보자. 디모데전서 6장 6-10절은 그리스도 안에 있는 만족을 탐욕과 "돈을 사랑함"의 정반대로 묘사한다.

"그러나 자족하는 마음이 있으면 경건은 큰 이익이 되느니라 우리가 세상에 아무 것도 가지고 온 것이 없으매 또한 아무 것도 가지고 가지 못하리니 우리가 먹을 것과 입을 것이 있은즉 족한 줄로 알 것이니라 부하려 하는 자들은 시험과 올무와 여러 가지 어리석고 해로운 욕심에 떨어지나니 곧 사람으로 파멸과 멸망에 빠지게 하는 것이라 돈을 사랑함이 일만 악의 뿌리가 되나니 이것을 탐내는 자들은 미혹을 받아 믿음에서 떠나 많은 근심으로써 자기를 찔렀도다."

우리에게는 삶의 기본적인 필요에 대한 선한 욕구가 있다. "우리가 먹을 것과 입을 것이 있은즉 족한 줄로 알 것이니라." 그러나 바울은 그것을 넘은 "돈을 사랑함"과 "부하려 하는 [것]"에 대해서는 경고한다. 다시 한 번 말하지만, 부와 돈 자체는 악하지 않다. 오히려 그 악은 우리 마음속에, 부에 대한 잘못된 욕구와 과도한 애정에 있다.

그러면 탐욕과의 전쟁은 어디에서부터 시작될까? 우리는 그리스도 안에 있는 만족으로 탐욕이라는 불신앙에 맞선다. 그런 믿음은 예수님을 진실하신 분일 뿐 아니라, 아름답고 선하신 분으로 본다. 탐욕을 물리치는 방법은 그리스도를 우리의 공급원으로 믿는 것이다. 바울은 탐욕에 대해 경고하고 나서 곧장 이렇게 말한다. "오직 너 하나님의 사람아 이것들을 피하고 의와 경건과 믿음과 사랑과 인내와 온유를 따르며 믿음의 선한 싸움을 싸우라"(딤전 6:11-12).

3. 약속이 능력이다

만족을 언급하는 가장 확실하고 강력한 세 번째 본문은 히브리서 13장 5절이다.

"돈을 사랑하지 말고 있는 바를 족한 줄로 알라. 그가 친히 말씀하시기를 내가 결코 너희를 버리지 아니하고 너희를 떠나지 아니하리라 하셨느니라."

탐욕은 하나님이 현재 우리에게 충분하지 않다는 거짓말일 뿐 아니라, 미래에도 역시 우리에게 적절히 공급하지 않으시리라는 두려움에서 비롯된다. 탐욕은 오늘 더 손에 넣고 쌓아 두고 소유하고 싶어 할 뿐 아니라, 하나님이 내일 우리의 필요를 채워 주지 못하실까 봐 두려워한다. 히브리서 13장 5절은 "돈을 사랑함"의 반대가 "있는 바를 족한 줄로 아는 것"이라고 가르쳐 준다. 또한 하나님이 여호수아에게 주신 놀라운 약속을 취해 모든 그리스도인에게 준다. "내가 너를 떠나지 아니하며 버리지 아니하리니"(수 1:5). 끝이 없을 것 같지만 사실은 유한한 자원을 소유하는 것보다, 무한하신 하나님을 소유하는 편이 훨씬 더 좋다. 그러면 그분의 끝없는 에너지와 자원이 우리 매일의 필요를 공급하시고, 그분의 은혜를 우리에게 풍성하게 내리사 "우리가 구하거나 생각하는 모든 것에 더 넘치도록 능히 하실" 것이다(엡 3:20).

동정, 너그러움, 희생

그리스도 안에 있는 만족으로 탐욕의 뿌리를 잘라낼 때 우리는 조금씩 해방되어 탐욕 대신 사랑을 온전히 꽃피울 수 있다. 탐욕과 그 갈망의 종살이에서 해방된 우리는 이제 다른 사람들을 향한 눈과 마음(동정)이 열리고, 그들의 필요를 채우고자 자신을 내줄 수 있다(너그러움). 그 대가로 자신의 소유를 잃게 된다 해도 말이다(희생). 그렇게 하며 우리는 평생에 걸친 탐욕과의 전쟁을 위한 보루를 쌓게 된다.

히브리서 10장 32-34절에서 그 방법을 살짝 엿볼 수 있는데, 34절은 성경 전체를 아울러 전투의 핵심을 보여 주는 가장 신랄한 본문이라 할 수 있다.

"전날에 너희가 빛을 받은 후에 고난의 큰 싸움을 견디어 낸 것을 생각하라 혹은 비방과 환난으로써 사람에게 구경거리가 되고 혹은 이런 형편에 있는 자들과 사귀는 자가 되었으니 너희가 갇힌 자를 동정하고 너희 소유를 빼앗기는 것도 기쁘게 당한 것은 더 낫고 영구한 소유가 있는 줄 앎이라."

34절은 먼저 그리스도 안에서 만족하고 탐욕에서 해방되어 자기 소유를 희생하는 것도 기쁘게 감당하는 이 초신자들에게 생긴 동정을 이야기한다. 그리고 이어서 이유를 말한다. "더 낫고 영구한 소유가 있는 줄 앎이라." 이들은 자신이 가진 다른 모든 것보다 훨씬 더 크고 영구한 무언가를 소유했다. 우리는 마침내 이 전쟁의 시작 지점에 도달했다. 그리스도를 우리 소유로 삼는 더 큰 기쁨으로 탐욕을 정복하는 것이다. 이것이 핵심이다.

박해받던 이 그리스도인들은 그리스도 안에서 만족함으로써 이 땅의 소유물을 지키려는 과도한 욕구에서 벗어날 수 있었다. 이들은 다른 모든 것보다 훨씬 뛰어난 소유가 있으며 그것을 절대 빼앗길 수 없다는 사실을 알기에 자유로웠다. 이들의 더 낫고 영구한 소유인 예수님이 이들 영혼 속에 있는 소유에 대한 모든 좋은 욕구를 채우기 시작하셨다. 그분이 유일한 보물이셨다. 그래서 그들은 다른 모든 보물을 내려놓을 수 있었다. 그리스도를 소유한 기쁨을 알고 나니 다른 모든 시시한 소유(와 그것이 가져다줄 즐거움)를 붙잡던 손을 놓을 수 있었다. 믿음으로 이들은 가장 중요하고 하나뿐인 소유를 얻었고 그 결과 이기적인 탐욕을 뿌리에서부터 제거했을 뿐 아니라, 그 자리에 심긴 믿음의 씨앗이 자라서 뻗어나가고 이타적인 동정과 너그러움과 희생의 꽃을 피웠다.

현실적이지만 상대적인 기준

우리 각 사람은 건강한 소유욕과 병든 소유욕 사이에서 아슬아슬한 줄타기를 타며 개인적으로 씨름해야 한다. 아우구스티누스는 "이생의 필요"를 그 기준으로 제안했는데, 케빈 드영(Kevin DeYoung)에 따르면 그 말뜻은 다음과 같다.

"……생계유지에 필요한 것만이 아니라, 인간이 '되거나' 인간에 걸맞은 삶에 필요한 것까지 말한다. 핵심은 다 허물어져 가는 집에 낡은 옷, 빵 부스러기로 연명하는 삶이 아니다. 온전히 인간다운 삶은 소유의 종살이에서 벗어난 자유로운 삶이다. 우리 삶은 소유와 그에 대한 욕구를 중심으로 돌아가지 않는다.

우리의 소유는 우리의 필요와 인간성에 도움이 되기 위해 존재한다."9)

"소유의 종살이에서 벗어난…… 온전히 인간다운 삶"이 무엇인지 분별하는 것은 환경마다, 사람마다 다를 것이다. 하나님은 그저 우리가 "각각 그 마음에 정한 대로 할 것이요 인색함으로나 억지로 하지 말지니 하나님은 즐겨 내는 자를 사랑하시느니라"(고후 9:7)라는 진실을 받아들이기 원하신다. 여기서 내용을 특정하는 것은 현명하지 못할 수 있으나, 일반적인 범주 안에서 피해야 할 오류를 언급하는 것은 도움이 될 수 있다.

한 가지 주목해야 할 것은 인간은 고정된 존재가 아니라는 사실이다. 하나님은 우리를 노래하고 춤추며 잔치하고 금식하는 존재로 만드셨다. 지속적인 풍요와 금욕의 양극단을 확인하고 명명하는 것이 도움이 될 것이다. 우리에게는 재정적인 포식과 금식 둘 다를 위한 자리가 필요하다. 우리는 소위 번영 복음을 혐오해야 하고, 기독교적 청지기로 위장한 사랑 없는 인색함에 속지 말아야 한다. 사람마다 정확히 무엇이 부족하고 넘치

---

9) *Glittering Vices*, 106.

는지를 분별하는 것은 절대 쉬운 일이 아니다. 그러나 존 파이퍼는 다음과 같이 현명하게 말한다. "낮과 밤 사이에 정확히 선을 그을 수 없다고 해서 자정이 언제인지 알 수 없는 것은 아니다."10)

실용적인 기준이란 관점에서 우리가 마지막으로 언급할 것은 희생이다. 당신은 다른 사람을 위해 자신의 필요를 채우기를 포기한 적이 있는가? 희생을 실천하지 않는 삶(고난받는 사랑은 다른 사람의 필요를 채워 주기 원한다)은 제대로 된 그리스도인의 삶이 아니니다.

나의 가장 큰 소유

인간의 삶은 희생을 통해, 탐욕에 맞서는 우리의 모든 진보를 가져다준 한 가지 결정적인 사건을 희미하게나마 반영한다. 우리가 이 세상에 오기 훨씬 전에 이미 이 승리가 있었다. 하나님의 아들이 이 땅에 오셔서 거할 곳을 마련하셨을 때 탐욕은 치명타를 맞았다. 만물을 소유하신 분이 스스로 아무것도 아닌

---

10) Collin Hansen, "Piper on Pastors' Pay," The Gospel Coalition, 6 November 2013, http://www.thegospelcoalition.org/article/piper-on-pastors-pay.

존재가 되셔서 우리가 그분 안에서 모든 것을 소유하게 하셨다. 예수님은 자신의 무한한 부를 움켜쥐지 않으시고, 그 손을 펼치고 자신을 비우셨다(빌 2:6-7). "부요하신 이로서 너희를 위하여 가난하게 되심은 그의 가난함으로 말미암아 너희를 부요하게 하려 하심이라"(고후 8:9). 그분은 죽기까지 복종하여 십자가에 죽으셨다(빌 2:8). 그분은 옷과 존엄성을 포함한 모든 소유를 빼앗기셨다. 그분은 하나님 아버지와의 교제마저 박탈당하고 이렇게 울부짖으셨다. "나의 하나님, 나의 하나님, 어찌하여 나를 버리셨나이까"(마 27:46). 그리고 탐욕과 죽음과 지옥을 이기고 부활하셔서, 이제는 그분이 소유한 사람들을 위해 그들이 만물을 차지하게 될 새 창조를 준비하고 계신다(고전 3:21; 마 5:5). 장차 우리는 하나님의 유업을 받고 온 세상을 소유하게 될 것이다.

따라서 하나님의 풍성한 은혜를 소유한 우리는 "예수님이 나의 가장 큰 소유입니다"라고 고백하며 탐욕에 맞서야 한다. 예수님은 나의 더 낫고 영구한 소유이시다(히 10:34). 그분의 함께하심이 내게 돈의 위력을 물리칠 힘을 준다(히 13:5). 그분은 밭에 숨겨진 나의 보물이시다. 나는 기뻐하며 돌아가서 내 소유를 다 팔아 그 밭을 살 것이다(마 13:44).

백화점 진열장 앞을 지나가거나 기부를 고려하거나 새로운 전자 제품을 사려고 고민할 때, 더 많이 갖기 원하는 내 과도한 욕구를 해결하는 근본적인 방법은 아무것도 소유하지 않는 것이 아니다. 그보다는 그리스도를 소유하는 것이다. 탐욕의 지나친 애정에 대한 가장 큰 해결책은 내가 사랑하는 분의 시선으로 내 마음을 날마다 재정비하는 것이다. 솔로몬의 아가에 나오는 단순한 말씀이 탐욕의 종말을 알리는 신호다. "내 사랑하는 자는 내게 속하였고 나는 그에게 속하였도다"(아 2:16, 6:3, 7:10). 내가 가진 모든 것(과 진심으로 갖고 싶어 하는 것)은 그리스도와 그분의 공급하심뿐이다.

7장

탐식

_ 조나단 바워스

음식은 태초부터 인간과 함께였다. 실제로, 먹는 일은 하나님이 에덴동산에서 아담과 하와에게 처음으로 하신 말씀 중 하나였다. "내가 온 지면의 씨 맺는 모든 채소와 씨 가진 열매 맺는 모든 나무를 너희에게 주노니 너희의 먹을 거리가 되리라"(창 1:29).

하나님의 선한 창조세계의 일부인 음식은 우리가 자급자족할 수 없는 존재임을 일깨워 준다. 인간이 목숨을 유지하려면 자기 몸 밖에 있는 무언가를 의존해야 한다. 음식은 우리를 치유하고, 살아가게 한다. 하지만 창세기 2-3장에서 보듯, 음식이 우리를 죽일 수도 있다. 하나님은 동산에 인간을 두시고 모든 나무의 열매를 먹을 수 있다고 알려 주셨다. 단, 한 가지 열매만 제외하고 말이다. "선악을 알게 하는 나무의 열매는 먹지 말라 네가 먹는 날에는 반드시 죽으리라"(창 2:17). 슬프게도, 아담과 하와는 뱀의 교활한 계획에 넘어가 생명 대신 죽음을 선택했다. 이후로 인간의 삶과 음식은 완전히 달라져 버렸다.

탐식이라는 죄를 다룰 때, 인류의 타락이 첫 인간 부부의 미각에서 비롯되었다는 점에 주목하라. 그 유혹은 식욕에 관한 것이었다. 가인과 아벨에게서 보듯, 인간이 은혜에서 떨어져 타락하는 계기가 살인이 될 수도 있었다. 강간이나 근친상간 같은 다른 사악한 행위가 타락의 계기일 수도 있었다. 그런데 인류의 운명은 먹을 것과 밀접한 관련이 있었다. 왜일까?

창세기 3장 6절에서 이 열매는 하와에게 단순한 에너지원 이상을 상징했다. "여자가 그 나무를 본즉 먹음직도 하고 보암직도 하고 지혜롭게 할 만큼 탐스럽기도 한 나무인지라 여자가 그 열매를 따먹고 자기와 함께 있는 남편에게도 주매 그도 먹은지라." 유혹의 순간에 이 열매는 하와의 깊은 갈망, 곧 쾌락과 아름다움과 지혜에 대한 갈망을 구체적으로 드러냈다. 하와는 하나님의 선한 계획이라는 경계 내에서 이 갈망들을 채우지 않고, 반역에 자신의 입(과 마음)을 벌리고 말았다.

탐식이란 무엇인가?

간단히 말해서 탐식이란 음식을 숭배하는 것이다. 탐식은 식욕을 부적절한 목적으로 이끈다. 하나님이 그분과의 교제 가운데서 그리스도를 통해 주시는 만족을 미각에서 찾는 것이다. 많은 사람이 탐식을 과식으로 정의한다. 탐식이 과식을 불러오기는 하지만, 나는 몇 가지 이유에서 과식을 탐식의 핵심으로 보기를 주저한다. 첫째, 탐식을 과식으로 축소하면 가끔씩 누리는 포식에 대해 잘못된 죄책감을 품을 수 있다. 때로 음식을 많이 먹는 것은 하나님의 선하심을 즐거워하는 수단이 될 수도 있다. 예를 들어, 모세 율법 아래에서 이스라엘 백성은 매년 자신이 거둔 곡식과 포도주, 기름의 십 분의 일을 여호와께 바치고, 성막에서 그분의 임재 가운데 그것을 먹어야 했다(신 14:22-23). 성막과 멀리 떨어져 사는 사람들은 자신의 십일조를 팔아서 순례 때 그 돈을 가져왔다. 순례 여정이 끝나면, 돈을 다시 음식으로 바꾸어서 여호와 앞에서 함께 먹고 즐거워했다.

하나님은 이렇게 명령하셨다. "네 마음에 원하는 모든 것을 그 돈으로 사되 소나 양이나 포도주나 독주 등 네 마음에 원하는 모든 것을 구하고 거기 네 하나님 여호와 앞에서 너와 네 권속이 함께 먹고 즐거워할 것이며"(신 14:26). 하나님은 우리가 가끔 진수성찬을 즐기는 것을 못마땅해하지 않으신다. 그러니 탐식을 정의할 때 평소보다 잘 차린 잔치 음식은 허용 범위 안에 있다는 점을 유의하라.

둘째, 탐식과 과식을 똑같이 취급하면, 욕구가 우리의 결정에서 차지하는 역할을 축소할 수 있다. 하와가 금지된 열매를 먹은 것은 그것이 쾌락, 아름다움, 지혜에 대한 갈망을 불러일으켰기 때문임을 기억하라. 탐식할 때 우리는 음식이 안전이나 목적, 통제력 같은 깊은 갈망을 채워 줄 것이라고 믿는다. 이런 이유로, 탐식 문제를 다룰 때 그냥 적게 먹으라고 말하는 것은 도움이 되지 않는다. 예를 들어, 아우구스티누스는 『고백록』에서 이렇게 썼다. "내가 두려워하는 것은 부정한 음식이 아니라, 내 마음의 부정한 탐욕입니다."[1]

마지막으로, 탐식에 대한 정의는 단순한 과식을 넘어서서 다른 형태의 부적절한 음식 남용, 곧 오만함까지 포함해야 한다. 우리는 자신이 먹는 음식에서 만족을 찾을 수 있다. 그런가 하면, 우리가 피하는 음식에서 만족을 찾을 수도 있다. 이것도 똑같이 위험하다. C. S. 루이스는 『스크루테이프의 편지』에서 악마 스크루테이프의 입을 빌려 이 두 반응에 모두 탐식이라는 이름을 붙였다. 첫째는 음식에 대한 집착이고, 둘째는 음식에 대한 까탈이다. 아래 인용문에서, 스크루테이프는 조카 웜우드

---

[1] Augustine, *The Confessions*, trans. Maria Boulding; Vintage Spiritual Classics (New York: Vintage, 1998), 227.

에게 편지를 써서 한 여자의 상황을 설명한다. 이 여자의 까다로운 입맛은 주변 사람들을 힘들게 했다.

"그녀는 자기를 초대한 여주인이나 하인들에게 공포 그 자체야. 이 여자는 어떤 요리를 내놓든 새침하니 살짝 한숨 섞인 미소로 '어머나, 괜찮아요, 괜찮아요……. 제가 원하는 건 홍차 한 잔뿐이에요. 엷게 타 주시면 좋겠는데, 그렇다고 너무 연하게는 말고요. 그리고 정말로 바삭바삭한 토스트를 아주아주 조그만 조각으로 하나 곁들여 주시고요'라고 말하지. 이제 알겠느냐? 이 노인네는 자기가 원하는 음식이 이미 차려진 음식보다 양도 적고 값도 싸다는 이유로, 다른 사람을 번거롭게 하면서까지 먹으려 하는 것이야말로 탐식이라는 사실을 전혀 알아채지 못하고 있다. 그래서 제 입맛을 만족시키고 있는 그 순간에도 스스로 절제하고 있다고 굳게 믿는단다."[2]

이 예에 등장하는 여자는 자기 위장의 노예이지만, 스스로를 속여서 자신은 자유로운 존재라고 생각하고 있었다. 이 여자는

---

[2] C. S. Lewis, *The Screwtape Letters* (New York: HarperCollins, 2001), 87-88; C. S. 루이스, 「스크루테이프의 편지」, 김선형 역, 홍성사, 2000.

자신에게조차 죄를 숨기고 있는, 위장한 탐식가다. 오늘날 얼마나 많은 사람이 이런 부류에 속하는가? 특정한 식이요법에 집착하고, 칼로리 계산에 연연하고, 윤리적인 이유로 특정 음식을 거부하는 것. 이 모두는 똑같이 우상숭배라는 주제의 변종이다.3) 음식이 신이 되어 버렸다.

그래서 탐식은 과식과 바리새인의 기피 음식 모두에서 드러나는 우상숭배다. 이 장에서 두 형태의 탐식을 모두 다룰 수 있으면 좋겠지만, 지면이 부족한 관계로 여기서는 과식에 집중하려 한다. 하지만 두 종류의 탐식 모두 음식을 숭배하는 것이므로 어느 하나에 대한 성경적 해결책은 나머지 하나에 대한 해결책과 연결되어 있다는 점을 기억하라. 이 점을 염두에 두고, 탐식이 위험한 이유를 살펴보자.

위험 1: 하나님을 하찮게 여긴다

바울은 빌립보서 3장에서 독자들에게 "그리스도의 십자가의 원수로 행하는"(18절) 사람들을 주의하라고 경고한다. 그는 계속

---

3) 분명히 하자면, 나는 여기서 음식 알레르기를 비롯하여 특별한 식이 제한이 필요한 다른 의학적 상황을 이야기하는 것이 아니다. 특정한 몸매에 도달하려는 건강하지 않은 필요를 느끼는 사람들이나 글루텐, 정제 설탕, 비(非) 유기농 제품에 대한 반대에 과하게 영향을 받은 사람들을 말하는 것이다.

해서 "그들의 마침은 멸망이요 그들의 신은 배요 그 영광은 그들의 부끄러움에 있고 땅의 일을 생각하는 자라"(19절)라고 말한다. 이 본문은 탐식이 위험한 가장 주요한 이유를 확인해 준다. 탐식은 하나님이 계셔야 할 자리에 음식을 둔다. 탐식은 가득 찬 식탁과 위장을 인간의 가장 큰 목적으로 제시한다. 굶주림은 가장 큰 원수가 되고, 냉장고는 우리의 구원을 찾는 성전이 된다.

탐식도 다른 죄들처럼 하나님의 선한 창조세계의 목적을 왜곡한다. 음식이 그 자체가 목적이 되어서는 안 되었다. 음식은 몸에 필요한 영양분을 얻는 수단이요, 우리에게 하나님이 필요하다는 사실을 가리키는 표시다. 우리가 위장에서 경험하는 굶주림과 만족이라는 리듬은 하나님과 인간 존재의 관계를 극적으로 보여 준다. 이것이 신명기 8장 3절에서 하나님이 이스라엘에게 하신 말씀의 요점이다. "사람이 떡으로만 사는 것이 아니요 여호와의 입에서 나오는 모든 말씀으로 사는 줄을 네가 알게 하려 하심이니라." 음식 자체가 목적이 되면, 탐식은 창조주 하나님과의 교제를 갈망하는 우리의 욕구를 망가뜨린다. 탐식은 영원하신 하나님의 영광을 햄 샌드위치와 감자 칩으로 바꾸어 놓는다.

이런 이유로, 탐식과의 싸움에서 중요한 것은 늘어난 뱃살이 아니다. 이것은 영생이 걸린 싸움이다. 야고보는 "땅에서 사치하고 방종한" 부자들을 정죄한다. 왜일까? 그들은 자기 육체의 열정에 굴복하여 "살륙의 날에 너희[그들의] 마음을 살찌게" 했기 때문이다(약 5:5). 탐식은 앞으로 임할 심판을 보장할 뿐 아니라, 그 심판을 현재에서도 경험하게 한다. 바울은 디모데전서 5장에서 교회의 재정 지원을 받을 수 있는 과부의 자격 요건을 설명한다. 그는 방종에 빠진 과부를 도와주어서는 안 된다고 경고한다. "향락을 좋아하는 자는 살았으나 죽었느니라"(6절). 진정한 삶은 하나님 말씀을 풍성하게 누리는 것이다. 밥만으로 살 수 있다는 듯 살아가는 것은 영적으로 바람만 먹고 사는 것과 같다.

위험 2: 우리 형제를 미워한다

탐식의 두 번째 위험은 우리가 맺는 관계에 끼치는 폐해다. 탐식은 불의와 짝지을 때가 많다. 어떤 사람이 특정 상황에서 필요 이상 많은 음식을 취하면, 다른 누군가가 굶주릴 수 있다. 식욕에는 사회적 결과가 따른다. 부자와 나사로의 경우가 그렇다. 예수님은 바리새인들에게 "한 부자가 있어 자색 옷과 고운

베옷을 입고 날마다 호화롭게 즐기더라"(눅 16:19)라고 말씀하신다. 어떻게 보더라도 이 사람은 탐식가다. 앞에서 이미 보았듯이 어쩌다 한 번씩 잘 먹는 것은 괜찮다. 하지만 이 부자는 아주 호사스럽게 만찬을 즐겼다. 그것도 주말이나 휴일만이 아니라 날마다 즐겼다. 이 사람은 왕처럼, 자기가 만든 우주의 신처럼 먹었다. 설상가상으로 그는 나사로를 무시했다. 예수님은 계속해서 말씀하신다. "그런데 나사로라 이름하는 한 거지가 헌데 투성이로 그의 대문 앞에 버려진 채 그 부자의 상에서 떨어지는 것으로 배불리려 하매"(20-21절). "배불리려 하매"라는 표현은 나사로의 이런 욕구가 채워지지 못했음을 암시한다. 다윗의 왕실 만찬에 초대받은 다리 저는 므비보셋과 달리(삼하 9:1-13), 나사로는 이 부자가 왕처럼 누리는 풍성함의 혜택을 전혀 받지 못했다.

  탐식은 다른 누군가가 굶주리는 한이 있더라도, 자기 몸의 갈망을 채워야 한다고 주장한다. 개인적으로 나는 모인 사람이 다 먹기에는 양이 부족한 듯한 저녁 식사에 참석했을 때 이를 내 마음에서 아주 분명하게 목격하고는 한다. 최악의 순간에는, 평소보다 적게 먹어야 한다는 생각에 몸이 떨릴 정도다. 다른 형제자매가 배불리 먹을 수 있도록 사랑의 마음으로 양보

하기보다는 '내' 몫을 제대로 챙겨 배를 채우기 바쁘다. 내가 다른 이들을 무시했다는 사실을 그들이 알든 모르든, 내 마음에는 죄가 있다. 나는 다른 사람들을 사랑하지 않았고, 하나님께 영광을 돌리지도 않았다. 고린도 교회도 비슷한 문제에 봉착했다. 그들이 함께 성만찬에 나아올 때 어떤 사람은 굶주리고 어떤 사람은 취해 있었다(고전 11:21). 불평등은 탐식의 결과다. 이 죄에 굴복할 때 우리는 탐식이 우리 관계에 맺는 독이 든 열매를 허용하게 된다.

위험 3: 자기 멋대로 행동한다

마지막으로, 탐식은 방종의 한 형태이기 때문에 위험하다. 제멋대로인 방종은 구르는 돌과 같다. 결코 지금 주어진 것에 만족하는 법이 없이 더 누리기 원하고, 늘 돌아다니고 싶어 몸이 근질근질하고, 바다 건너 먼 곳에서 새로운 악덕을 만나기 원한다. 우리가 무엇이든 자기 배가 원하는 대로 탐닉한다면, 우리 삶에 또 다른 죄악된 탐닉이 드러난다 해도 놀라운 일이 아니니다.

홉니와 비느하스의 예를 생각해 보자. 둘은 엘리 제사장의 아들이었다. 두 사람은 실로에 있는 여호와의 집에서 섬겼지만,

사무엘상 2장 12절은 그들에게 믿음이 없었고, 사실상 "불량배"(현대인의성경)였다고 분명히 말한다. 이스라엘 백성이 제사를 드릴 때마다 홉니와 비느하스는 제물로 드린 고기의 상당 부분을 취했고, 방해하는 사람은 누구든 폭력으로 위협했다(13-16절). 이 본문은 이렇게 끝난다. "이 소년들의 죄가 여호와 앞에 심히 큼은 그들이 여호와의 제사를 멸시함이었더라"(17절).

홉니와 비느하스는 무질서한 욕구 때문에 하나님을 하찮게 여기고, 다른 사람들에게 해를 끼쳤다. 그런데 여기서 이들의 부족한 자제력이 성(性)을 어떻게 오염시켰는지 주목할 필요가 있다. 몇 절 뒤에는 엘리의 아들들이 "회막 문에서 수종 드는 여인들과 동침"(22절)했다고 나온다. 둘의 연관성을 놓치지 말라. 탐식과 성 도착은 별도의 악행처럼 보일지 모르지만, 둘 다 똑같은 어둠의 출처에서 힘을 끌어온다. 그 근원은 바로 방종이다. 비유하자면 방종은 카멜레온과 같다. 음식 가까이에 있으면 탐심처럼 보이고, 아름다운 여성(이나 멋진 남성) 가까이에 있으면 정욕의 색을 띤다. 그래서 우리는 죄와 싸우는 과정에서 자신의 식습관이 중립적인 영역이라고 생각해서는 안 된다. 우리가 탐식과 화해한다면, 나머지 악덕과도 (어떤 형태로든) 화해할 수 있다.

싸움의 전략

감사하게도 다른 대안이 있다. 우리가 이 일에서 진전을 보인다면, 나머지 문제에서도 열매를 맺을 수 있을 것이다. 우리는 이 소망에 힘입어 탐식에 전쟁을 선포할 수 있다. 하지만 어떻게 탐식에 맞서 싸울 수 있을까? 다음 열 가지를 제안한다.

1. 절제는 자유롭고 탐식은 억압한다는 점을 기억하라

탐식은 종종 우리가 충동을 억제한다면 자신을 억압하고 제약하는 것이라고 믿게 한다. 하지만 모든 올바른 경계가 그렇듯이 절제도 우리가 하나님 아래서 번성할 수 있도록 돕는다. 탐식가는 음식을 제대로 즐기지 못한다. 오히려 음식의 감옥에 갇히고 만다.

2. 절제는 스스로 발휘하는 의지력이 아닌, 하나님의 선물임을 기억하라

이 말은 우리가 절제할 수 있기를 기도로 구한 다음에 그럴 수 있을 때까지 가만히 앉아서 기다리라는 뜻이 아니다. 절제는 훈련이다. 그러나 하나님이 먼저 우리 안에서 일하기 시작하셔야 비로소 우리도 할 수 있다(빌 2:12-13). 아우구스티누스는 탐식에 대해 이렇게 썼다. "때로 탐식이 당신의 종에게 슬금슬금 다가오는데, 당신의 자비만이 그것을 물리칠 수 있습니다. 당신이 주신 선물이 아니고서는 아무도 극기심을 발휘할 수 없기 때문입니다."4) 우리는 하나님의 능력으로만 자신의 욕구를 다스릴 수 있다.

3. 주님이 우리의 탐식을 속죄하셨고, 절제의 영을 주셨음을 기억하라

바리새인들은 절제 그 자체이신 그리스도를 향해 먹기를 탐하고 술을 즐기는 자라고 비난했다(마 11:19; 눅 7:34). 그분이 죄인들과 함께 식사하기를 좋아하셨기 때문이다. 예수님은 죄인들의 식탁에 앉으신다는 비난을 달게 받으셨는데, 먹기를 탐하고 술을 즐기는 우리가 주의 만찬에 함께하는 즐거움을 누릴 수 있도록 하기 위해서였다. 예수님은 무질서한 갈망에서 우리를 해방하셨다. 그분 안에서 우리는 육체와 함께 그 정욕과 탐심을 십자가에 못 박았다(갈 5:24). 그뿐 아니라, 그리스도께서는 그분의 영을 보내셔서 우리를 채워 주셨다. 성령님은 그 백성들 가운데 절제의 열매를 맺으신다(갈 5:22).

---

4) Augustine, *The Confessions*, 226..

4. 예수님으로 가득 채우라

예수님은 하늘에서 내려오신 진정한 떡이시다(요 6:32). 이 떡에는 적정량이 없다. 우리는 이 떡을 원하는 만큼 실컷, 자주 먹을 수 있(고 먹어야 한)다. 조나단 에드워즈의 표현을 빌리자면, "영의 양식……을 먹을 때 과식이란 없고, 영의 만찬에 있어 자제라는 미덕은 없다."[5]

5. 성만찬을 절제의 훈련장으로 보라

우리는 떡을 먹고 포도주를 마실 때마다 탐식과 그 속임수에 전쟁을 선포하는 것이다. 첫째, 성만찬을 통해 우리는 음식이 그 자체로 목적이 아니며, 음식은 우리 영혼에 그리스도가 필요하다는 사실을 기억하게 해 주는 표지임을 스스로 일깨운다. 둘째, 우리는 성만찬을 함께하는 다른 성도들과 음식을 나누기 위해 음식에 대한 욕심을 내려놓는다. 식탁은 함께 나누는 곳이요, 동료 신자들에 대한 우리의 사랑을 확인할 기회이다(고전 10:17). 마지막으로, 각 사람에게 할당된 양은 절제의 미를 우리

---

[5] "The Spiritual Blessings of the Gospel Represented by a Feast," in *Sermons and Discourses: 1723-1729*, ed. Kenneth P. Minkema; vol. 14 of Works of Jonathan Edwards Online (New Haven, Conn.: Yale University Press, 1997), 286. http://edwards.yale.edu/research/browse.

에게 알려 준다.[6]

6. 가끔 금식하는 시간을 따로 마련하라

다윗은 "주께서 내 마음에 두신 기쁨은 그들의 곡식과 새 포도주가 풍성할 때보다 더하니이다"(시 4:7)라고 말한다. 하나님이 우리에게 포만감보다 더 큰 기쁨을 주신다고 믿는가? 그렇다면 한번 시도해 보라. 절대 실망하지 않을 것이다.[7]

7. 가끔은 마음껏 먹는 시간도 따로 마련하라

금식 바로 뒤에 이 조언을 언급하는 이유는, 금식의 중요성을 축소하려는 의도가 아니다. 오히려, 음식 자체를 문제 삼는 것으로 과식에 반응해서는 안 된다는 점을 확실히 하고 싶어서다. 바울은 "배부름과 배고픔과 풍부와 궁핍에도 처할 줄 아는 일체의 비결을 배웠노라"(빌 4:12)라고 말했다. 바울은 금식하는

---

6) 예를 들어, 존 파이퍼가 설립한 베들레헴침례교회에서는 주말 예배 중에 한 번은 미리 자른 빵을 주어 포도 주스에 담가 먹게 한다. 다른 예배에서는, 작은 크래커 한 조각과 아주 작은 잔에 담긴 포도 주스를 받는다. 형식은 다르지만, 성만찬을 기념하는 두 식사 모두 각 참여자에게 한정된 양을 제공하는 것이 특징이다.

7) 금식 훈련에 대한 성경적이고 실제적인 안내가 필요하다면, 다음을 보라. John Piper, *A Hunger for God: Desiring God through Fasting and Prayer*, Redesign ed. (Wheaton, IL: Crossway, 2013); 존 파이퍼, 『하나님께 굶주린 삶』, 윤종석 역, 복있는사람, 2013.

법도 알고 마음껏 먹는 법도 알았다. 그는 둘 다 하나님의 영광을 위해 할 수 있었는데, 두 상황 모두에 그리스도인의 자족이 필요함을 알았기 때문이다(빌 4:11). 우리도 그리스도와 연합하여 그런 자족함을 느끼고, 똑같은 마음가짐으로 화요일 점심에는 금식하고 일요일에는 잔치를 즐길 수 있기를 기도한다.

8. 식사하기 전에 감사 기도를 드리라

감사하는 마음은 탐식을 질식시킨다. 음식을 하나님이 주신 선물로 볼 때 음식을 숭배할 가능성이 줄어든다. 식사하기 전에 기도한다고 해서 탐식이 반드시 사라지지는 않는다. 좋은 습관이 다 그렇듯, 식사 기도도 형식적으로 변질되기 쉽다. 그러나 그릇을 채우기 전에 (잠시!) 멈추는 것은 반항하는 미각을 제압하는 데 큰 도움이 될 수 있다.

9. 성경을 암송하라

우리가 음식만으로 살지 않고 하나님 말씀으로 사는 존재라면, 탐식의 속임수를 막아 내는 가장 확실하고 강력한 방어법은 마음의 냉장고를 성경으로 가득 채우는 것이다. 예수님도 이 방법으로 굶주림을 불법으로 채우라는 유혹을 이기셨다(마

4:1-4; 눅 4:1-4). 우선 이 장에서 살펴본 성경 본문을 암송하는 것으로 시작해 보라.

10. 적극성을 발휘하라

게으름은 탐식을 배양하는 접시다. 지루하고 달리 할 일이 없어서 먹을 것을 집어 드는 경우가 얼마나 많은가? 이와 달리, 신체 활동은 식욕을 조절해 주고, 음식을 더 맛있게 즐기게 한다. 그러니 앞선 제안들에 더해 가족들과 산책을 하거나 농구를 하거나 뒷마당에 쌓인 낙엽을 치워 보면 어떨까? 하나님은 우리에게 먹고 마시는 것뿐 아니라, "수고함으로" 낙을 누리는 것도 선물로 주셨다(전 3:13).

지금까지 살펴본 대로, 탐식은 음식을 숭배하는 것이다. 하지만 하나님은 그리스도를 통해 우리 배의 폭압으로부터 우리를 구원해 주셨다. 그래서 우리는 욕심을 위해 먹다가 망하기보다는 하나님의 영광을 위해 먹는 기쁨을 알 수 있다(고전 10:31). 주님이 우리에게 모든 은혜가 넘치게 하사 그분의 선하심을 반복해서 맛보아 알게 하시기를 간구한다(시 34:8).

8장

정욕

_ 존 파이퍼

정욕은 물론 돈이나 음식, 권력이나 칭찬 같은 다른 것에 대한 지나친 욕구를 뜻할 수도 있다. 하지만 일곱 가지 죄 목록에 탐욕, 탐식, 교만, 시기 같은 것들이 이미 있으므로 여기서는 정욕을 성적인 죄로 다룰 것이다. 우선 성경의 정의부터 살펴보자. 정욕은 그 대상을 존중하지 않고 하나님을 무시하는 성적 욕구다. 나는 데살로니가전서 4장 1-8절에서 이 정의를 찾았다.

"그러므로 형제들아 우리가 끝으로 주 예수 안에서 너희에게 구하고 권면하노니 너희가 마땅히 어떻게 행하며 하나님을 기쁘시게 할 수 있는지를 우리에게 배웠으니 곧 너희가 행하는 바라 더욱 많이 힘쓰라 우리가 주 예수로 말미암아 너희에게 무슨 명령으로 준 것을 너희가 아느니라 하나님의 뜻은 이것이니 너희의 거룩함이라 곧 음란을 버리고 각각 거룩함과 존귀함으로 자기의 아내 대할 줄을 알고 하나님을 모르는 이방인과 같이 색욕을 따르지 말고 이 일에 분수를 넘어서 형제를 해하지 말라 이는 우리가 너희에게 미리 말하고 증언한 것과 같이 이 모든 일에 주께서 신원하여 주심이라 하나님이 우리를 부르심은 부정하게 하심이 아니요 거룩하게 하심이니 그러므로 저버리는 자는 사람을 저버림이 아니요 너희에게 그의 성령을 주신 하나님을 저버림이니라."

4-5절은 다양하게 번역된다. ESV는 "각 사람은 거룩함과 존귀함으로 **자기 몸을 통제할 줄 알고** 하나님을 모르는 이방인과 같이 정욕을 따르지 말고"라고 번역한다. RSV는 "각 사람은 거룩함과 존귀함으로 **자기 아내를 대할 줄 알아야** 합니다. 하나님을 알지 못하는 이방 사람과 같이 색욕에 빠져서는 안 됩니다"라고 번역한다. NASB는 가장 문자적인 번역인데, "각 사람은 거룩함과 존중함으로 **자기 그릇을 소유할 줄 알고** 하나님을 알지 못하는 이방인들처럼 정욕을 따르지 말고"라고 말한다. 각각의 강조체는 똑같은 헬라어 원문을 번역한 것이다. 왜 이런 모호한 번역이 생길까? 원문의 '그릇'은 남자나 여자의 성기를 가리키기도 한다. 물론 이 문제를 해결해야만 이 모든 번역에 나타나는 정욕의 의미를 알 수 있는 것은 아니다.

정욕은 대상을 존중하지 않는다

4절과 5절이 무언가를 이 방식으로는 하되 다른 방식으로는 하지 말라고 명령하는 것에 주목하라. 곧 "거룩함과 존중함으로" 아내를 대하거나 자기 몸(그릇)을 통제하고, "색욕을 따르지 말라." 이 대조를 눈여겨보라. "거룩함과 존중함으로…… 색욕을 따르지 말라." 따라서 정욕의 반대는 거룩함과 존중함이다. 나는 정욕의 정의를 여기서 가져왔다.

성욕 자체는 선한 것이다. 하나님이 태초에 성욕을 만드셨고, 성욕에는 적절한 자리가 있다. 그런데 두 가지 중요한 것, 곧 다른 사람을 존중하고 하나님을 거룩하게 하는 것이 성욕을 다스리고 규제하고 인도해야 한다. 성욕이 거룩함과 존중함을 잃어버릴 때 정욕이 된다.

존중을 예로 들어보자. 하나님은 결혼이라는 관계를 세우셔서 한 남자와 한 여자가 신실함과 사랑으로 서로 존중하면서 평생 언약 관계를 맺게 하셨다. 성욕은 상호 존중이라는 언약적 연합에 종이 되고 양념이 된다. 따라서 다른 사람에게 (이런 표현을 사용하든 사용하지 않든) "나는 당신이 내 성욕을 채워 주기 원하지만, 당신을 언약으로 맺어진 결혼생활의 동반자로는 원하지 않아요"라고 말하는 것은 이런 뜻이나 다름없다. "당신 육체로 내 쾌락을 채우고 싶지만, 당신을 인격체로는 대하고 싶지 않아요." 이것은 상대를 존중하지 않는 행위이기 때문에 정욕이다. 성욕에서 상대에 대한 존중을 빼 버리면 정욕이 된다.

정욕은 하나님을 저버린다

그런데 이게 다가 아니다. 본문은 "거룩함과 존귀함으로⋯⋯색욕을 따르지 말고"라고 말한다. 성적인 거룩함은 하나님과 상관이 있다. 하나님을 위해 구별되는 것이다. 그래서 5절은 이렇게 말한다. "하나님을 모르는 이방인과 같이 색욕을 따르지 말고." 정말로 하나님을 알고 행동하면, 성욕이 정욕으로 변하는 것을 막을 수 있다. 8절은 "[거룩함을] 저버리는 자는 사람을 저버림이 아니요 너희에게 그의 성령을 주신 하나님을 저버림이니라"라고 말한다. 정욕의 근본 문제는 하나님에 대한 관점이다. 거룩함은 거룩하신 하나님을 최고로 여기며 사는 것이다.

정욕은 정반대다. 하나님을 최고로 여기는 삶이 성욕을 규제하거나 다스리거나 인도하지 않으면 정욕이 된다. 하나님은 성을 창조하셨다. 그분은 피조물의 유익을 위해 성을 선하고 아름다운 것으로 만드셨다. 하나님의 영광과 인간의 유익을 위해 어떻게 성을 사용해야 하는지 우리에게 말씀하실 지혜와 권리는 그분께만 있다. 우리가 성욕을 제멋대로 사용하면서 하나님을 저버릴 때 그것은 정욕이 된다.

요약하자면, 성욕이 그 대상을 존중하지 않고 하나님을 무시하면 정욕이 된다. 정욕은 상대를 존중하지 않고 하나님을 최고로 여기지 않은 결과, 선한 것이 부패한 결과이다. 자신의 성욕이 다른 사람을 존중하지 않고 하나님의 거룩함을 인정하지 않는다면, 그것은 정욕이다.

정욕의 치명적인 위험

정욕은 왜 큰 문제가 되는가? 정욕이 성적인 죄, 특히 행동으로 이어지지 않은 욕구에 불과하다면, 사소한 죄가 아닌가? 전 세계를 휩쓰는 전염병, 인신매매, 테러 위협, 빈곤 같은 더 큰 문제들에 신경 써야 하지 않을까? 어떤 사람들은 성적인 태도와 행위는 상대적으로 덜 중요한 개인의 경건 문제라고 말한다. 사회와 세상의 거대한 악에 맞서 싸우는 것이 더 중요하다는 것이다. 인종 차별과 성매매에 공개적으로 반대하는 활동가의 성생활이 좀 자유분방한 것이 큰 문제가 되겠는가? 지구 온난화 회의에 참석하는 길에 인터넷에서 음란물을 조금 본 것이 무슨 대수겠는가? 많은 사람들이 이렇게 생각한다.

하나님을 최고로 여기지 않을 때 사람들의 사고방식이 그렇다. 그러나 하나님은 그렇게 말씀하지 않으셨다. 하나님은 우리의 성생활을 얼마나 중요하게 생각하시는가? 그게 그렇게 큰 문제일까? 6절은 이렇게 말한다. "이 일에…… 형제를 해하지 말라 이는 우리가 너희에게 미리 말하고 증언한 것과 같이 이 모든 일에 주께서 신원하여 주심이라."

이 말은 정욕의 영향이 전쟁의 영향만큼이나, 어쩌면 그보다 훨씬 더 나쁘다는 뜻이다. 전쟁이 하는 일이라고는 우리의 몸을 죽이는 것뿐이다. 예수님은 이렇게 말씀하신다. "몸을 죽이고 그 후에는 능히 더 못하는 자들을 두려워하지 말라 마땅히 두려워할 자를 내가 너희에게 보이리니 곧 죽인 후에 또한 지옥에 던져 넣는 권세 있는 그를 두려워하라"(눅 12:4-5). 다시 말해 하나님의 심판은 이 땅에서 사라지는 것보다 훨씬 더 두려운 일이다. 데살로니가전서 4장 6절에 따르면, 정욕에 대한 경고를 무시한 사람들에게 하나님의 공정한 재판이 임할 것이다. "이 모든 일에 주께서 신원하여 주심이라."

정욕과 영원한 보장

수년 전에, 한 기독교 재단에 소속된 고등학교 학생회를 대상으로 "정욕과 싸우는 열 가지 방법"이라는 주제로 말씀을 전했다. 그중에 여섯 번째가 '정욕의 영원한 위험을 생각하라'는 것이었다. 설교 본문이었던 마태복음 5장 28-29절에서 예수님은 이렇게 말씀하신다. "음욕을 품고 여자를 보는 자마다 마음에 이미 간음하였느니라 만일 네 오른 눈이 너로 실족하게 하거든 빼어 내버리라 네 백체 중 하나가 없어지고 온 몸이 지옥에 던져지지 않는 것이 유익하며." 나는 예수님이 우리가 눈과 상상력으로 하는 일에 천국과 지옥이 달렸다고 말씀하신 점을 지적했다.

모임이 끝나고 한 학생이 내게 와서 물었다. "그러면 목사님은 사람이 구원을 잃어버릴 수도 있다고 말씀하시는 건가요?" 두어 해 전에 불륜에 빠진 한 남자에게 내가 경고했을 때 돌아온 것과 똑같은 반응이었다. 나는 어떻게든 그의 상황을 이해해 보려고 귀를 기울였고, 아내에게 돌아가라고 간청했다. 그러고 나서 이렇게 말했다. "형제님도 아시잖아요. 예수님은 눈을 빼낼 각오로 진지하게 이 죄에 맞서 싸우지 않으면, 지옥에 가서 영원히 고통받을 것이라고 하셨어요." 그는 태어나서 그런 말은 처음 들어보았다는 듯이, 못 믿겠다는 표정으로 나를 보더니 이렇게 대꾸했다. "그러면 목사님은 사람이 구원을 잃어버릴 수도 있다는 말씀이세요?"

나는 현실과는 동떨어진 구원관을 지닌 그리스도인이 많다는 사실을 경험을 통해 자주 확인하게 되었다. 그들은 성경의 경고를 무효로 만들고, 스스로 그리스도인이라고 주장하면서도 죄에 맞서 싸우지는 않는다. 그들은 자신이 성경의 경고가 미치지 않는 곳에 있다고 여긴다. 그런 교리가 지옥으로 향하는 수많은 사람에게 위로를 주고 있다. 예수님은 우리가 정욕에 맞서 싸우지 않는다면 천국에 갈 수 없다고 말씀하셨다. 그 위험은 전 세계의 테러 행위보다 훨씬 더 크다. 정욕과 싸우지 않으면, 천국에 갈 수 없다(벧전 2:11; 골 3:6; 갈 5:21; 고전 6:10; 히 12:14).

의롭다 하는 믿음은 정욕과 싸우는 믿음이다

그렇다면 우리는 예수 그리스도를 믿는 믿음으로 구원받는 것이 아니란 말인가? 오직 믿음만으로 칭의를 얻는 것이 아닌가? 물론 우리는 오직 믿음으로 구원받고, 오직 믿음으로 의롭다 하심을 얻는다. 믿음으로 인내하는 이는 구원을 받을 것이다(마 24:13; 10:22; 고전 15:2; 골 1:23; 살후 2:13). 하나님이 구원하는 믿음으로 우리를 붙잡으실 때 우리도 감동을 받아 그분을 붙잡을 수 있다. "오직 내가 그리스도 예수께 잡힌 바 된 그것을 잡으려고 달려가노라"(빌 3:12). 우리는 어떻게 영생을 붙들 수 있는가? 바울은 디모데전서 6장 12절에서 그 답을 준다. "믿음의 선한 싸움을 싸우라 영생을 취하라." 구원하는 믿음은 잠깐의 이벤트가 아니다. 구원받은 영혼이 날마다 보이는 행동이다. 그리고 이 믿음을 파괴하려고 하는 사탄과의 전투다.

이렇게 해서 우리는 다시 주요 요점으로 돌아간다. 정욕과 싸우는 것은 불신과 싸우는 것이다. 성적인 순결을 위해 싸우는 것은 믿음의 싸움이다. 나는 하나님을 믿는 것과 거룩함을 위해 싸우는 것을 별개로 여기는 사람들의 착각을 깨뜨리려고 애쓰고 있다. 믿음으로 천국에 가고 거룩함으로 상을 받는 것을 별개로 생각한다면 잘못이다. 우리는 믿음으로 의롭다 하심을 얻고, 행위를 통해 성화를 위한 힘을 얻는다. 성령님의 능력으로 그리스도인의 삶을 시작하고, 육신의 노력을 하며 나아가야 한다. 어떤 이들은 믿음만 있으면 구원을 받는다고 하면서 순종하기 위한 싸움은 선택이라고 하는데, 이는 심각한 오류다.

그렇다면 우리는 어떻게 반응해야 하는가? 순종하는 삶을 위한 싸움은 구원에 꼭 필요한데, 구원은 본질적으로 믿음의 싸움이기 때문이다. 정욕과의 싸움도 구원에 꼭 필요하다. 구원은 불신과의 싸움이기 때문이다. 믿음만이 우리를 지옥에서 건져 주며, 우리를 지옥에서 건지는 믿음이 곧 우리를 정욕에서 건져 준다.

더 큰 복음

이 복음은 다른 것보다 더 큰 복음이다. 죄를 인내하실 뿐 아니라 죄를 이기신 하나님의 승리의 복음이다. 곧 로마서 6장 14절에 나오는 복음이다. "죄가 너희를 주장하지 못하리니 이는 너희가 법 아래에 있지 아니하고 은혜 아래에 있음이라." 전능하신 은혜, 주권적인 은혜다!

내 죄의 권세 깨뜨려

그 결박 푸시고

이 추한 맘을 피로써

곧 정케 하셨네.

"마음이 청결한 자는 복이 있나니 그들이 하나님을 볼 것임이요"(마 5:8). 이것이 하나님의 요구 사항이며 그분의 선물이다. 모든 것이 은혜다. 이것이 정욕과의 싸움이 믿음의 싸움인 이유다. 이것은 그리스도를 날마다 모시고 소중히 여겨서 우리를 지배하려는 죄에 대한 유혹을 무력화시키는 싸움이다. 정욕과의 싸움은 불신을 물리치는 싸움이다. 믿음의 싸움은 하나님이 예수님 안에서 우리에게 주신 모든 것으로 만족하고자 하는 싸움이다. 우리가 그리스도를 믿는 만큼 정욕은 그 힘을 잃는다.

우리는 하나님을 알 수 있다

바울은 데살로니가전서 4장 5절에서 "하나님을 모르는 이방인과 같이 색욕을 따르지 말고"라고 말한다. 이 말씀은 정욕의 뿌리에 대해 무엇을 암시하는가? 하나님을 모르는 것이 정욕의 근본 원인이다. 우리가 색욕을 따르지 않고 자기 몸(그릇)을 통제해야 하는 이유는 정욕이 하나님을 모르는 이들의 행동이기 때문이다.

바울의 말은 하나님을 그저 머리로 알기만 하면 정욕을 물리칠 수 있다는 뜻이 아니다. 예수님이 마가복음 1장 24절에서 귀신 들린 사람에게서 귀신을 내쫓으려 하시자 더러운 영이 이렇게 소리친다. "나는 당신이 누구인 줄 아노니 하나님의 거룩한 자니이다!" 사탄과 그 숙주들도 하나님과 예수님에 대해 어느 정도 정확한 지식을 가지고 있다. 하지만 그것은 바울이 여기서 염두에 둔 지식과는 다르다. 그가 염두에 둔 지식은 하나님을 최고의 가치와 아름다움을 지닌 분으로 아는 것이다. 이 지식은 우리가 맛보아야 하는 종류의 앎이다. "너희는 여호와의 선하심을 맛보아 알지어다"(시 34:8). 이것이 바로 바울이 고린도후서 4장 6절에서 언급한 앎이다. "하나님의 영광을 아는 빛을 우리 마음에 비추셨느니라"(참조, 갈 4:8; 고전 2:14; 벧후 1:3-4). 이는 하나님의 크심과 가치와 영광과 은혜와 능력을 우리 영혼에서 인식하는 것이다. 이 지식이 우리를 감동시키고 겸손하게 한다. 이 지식이 우리를 사로잡아 붙든다. 이것은 우리가 헨델의 할렐루야 코러스를 들으면서 하품을 하거나 그랜드 캐니언 가장자리에서 투덜거릴 때는 소유할 수 없는, 아름다움에 대한 앎이다. 들어도 듣지 못하고 보아도 보지 못하는 일은 얼마든지 가능하다(마 13:13).

참된 지식은 주님이 루디아의 마음을 여셨을 때 그녀가 소유한 것과 같다(행 16:14). 어느 순간, 이 지식으로 충만해서 가슴이

터질 것 같다는 생각이 들다가 갑자기 더 많이 알고 싶다는 갈망이 일어난다. 이것이 우리가 믿음이라고 부르는 앎이다. "믿음은 바라는 것들의 실상이요 보이지 않는 것들의 증거니"(히 11:1). 이 지식은 굉장히 현실적이고 귀하며 우리 영혼에 큰 만족을 준다. 이 지식은 굉장한 현실이며, 매우 소중하고, 우리 영혼을 크게 만족시킨다. 이 지식을 방해하는 모든 생각과 태도와 감정과 중독은 그것으로 위협받은 삶의 모든 영적인 갈망의 공격을 받을 것이다. 정욕이 그 마음을 유혹하여 하나님에게서 멀어지게 할 때 거룩한 영혼 안에서 이런 믿음의 싸움이 벌어진다.

마음이 청결한 자는 하나님을 볼 것이요

내가 몇 해 전에 읽은 기사에서 가져온 예화를 언급하면서 글을 마무리하려 한다. 그 기사는 저자의 이름을 밝히지 않았지만, 10년 넘게 정욕에 사로잡혀 있던 어느 목회자가 썼다고 한다. 그는 결국에 무엇이 그를 정욕에서 해방시켜 주었는지 이야기하는데, 내가 말하려는 핵심을 너무도 잘 보여 주어서 아래에 그 핵심 문단을 인용했다.

그는 프랑수아 모리아크(Francois Mauriac)의 『내가 믿는 것』(*What I Believe*)이라는 책을 우연히 읽게 되었다. 그 책에서 모리아크는 죄책감이라는 괴로움이 그를 정욕에서 해방시키지 못했다고 인정했다. 그는 순결함을 추구하는 강력한 이유가 한 가지 있다고 결론을 내렸는데, 곧 그리스도께서 산상수훈에서 주신 것이다. "마음이 청결한 자는 복이 있나니 그들이 하나님을 볼 것임이요"(마 5:8). 글을 쓴 무명의 목회자는 이렇게 썼다.

"어둡고 고요한 방에 종이 울리듯 그 생각이 뇌리를 스쳤다. 지금까지 정욕에 반대하는 그 어떤 무시무시하고 부정적인 주장도 정욕을 벗어나는 데 도움을 주지 못했다.…… 그런데 내가 계속해서 정욕을 품는 동안 놓친 것이 있었다. 나는 하나님과의 친밀감을 제한하고 있었다. 하나님이 주시는 사랑은 너무도 초월적이고 소유욕이 강해서 우리가 그 사랑을 받아들이려면 순결하고 깨끗해져야만 한다. 정말로 그분이 내가 채우지 못했던 갈증과 굶주림을 채우실 수 있을까? 생수이신 그분이 정욕을 끄실 것인가? 그것이 바로 믿음의 도박이었다."[1]

---

1) *Leadership*, Fall 1982, 43-44.

그것은 도박이 아니었다. 하나님을 바라보는 사람은 절대 질 수 없다. 그는 자신의 삶에서 이를 발견했고, 그가 배운 교훈은 전적으로 옳았다. 정욕과 싸우는 방법은 영광스러운 하나님에 대한 지식으로 믿음을 먹이는 것이다.

정욕과 싸우는 전략: ANTHEM

내가 정욕이라는 불신과 싸울 때 수없이 사용한 전략을 여기 소개하려 한다. 이 여섯 단계는 남녀 모두에게 해당한다. 남자들이 처한 위기는 조금 더 분명하다. 성적 이미지를 담은 넘쳐 나는 시각적 유혹에 맞서 싸울 필요가 가장 긴급하다. 여자들에게는 그런 위험이 덜 분명해 보일 수 있지만, 유혹의 범위를 음식이나 몸매, 관계에 대한 환상 등으로 넓힌다면 결코 만만치 않다.

나는 여기서 성적으로 부정한 행위를 낳는 생각과 상상력, 욕구의 영역에 집중하려 한다. 다음은 잘못된 욕구에 맞서는 전투에서 유용한 전략을 ANTHEM이라는 알파벳 약자로 정리한 것이다.

A: 피하라(Avoid)

적절하지 않은 욕구를 불러일으키는 장면과 상황을 가능한 한 피하라. '가능한 한'이라고 한 이유는 어쩔 수 없이 유혹에 노출되는 경우가 있기 때문이다. 또한 '적절치 않은 욕구'라고 한 이유는 성과 음식, 가족에 대한 욕구가 모두 다 나쁘지는 않기 때문이다. 우리는 부적절하고 도움이 되지 않는 욕구가 언제 우리를 노예로 만들기 시작하는지 잘 안다. 자신의 약점과 그 약점을 도발하는 원인도 잘 안다. '피하기'는 성경적인 전략이다. "너는 청년의 정욕을 피하고⋯⋯ 의⋯⋯[를] 따르라"(딤후 2:22). "정욕을 위하여 육신의 일을 도모하지 말라"(롬 13:14). 이 일은 물론 믿음으로 가능하다. 다시 말해, 우리가 다른 무엇보다도 그리스도 안에서 최고의 만족을 누리고, 변덕스러운 우리 마음이 필요 이상 유혹당하는 것을 원치 않을 때 이렇게 할 수 있다.

N: 거절하라(No)

음란한 생각을 즉시 거부하라. 그리고 예수 그리스도의 권위로 담대하게 말하라. "예수님의 이름으로, 물러가라!" 굳이 장황한 말이 필요 없다. 음란한 생각에 필요 이상 시간을 주면,

거의 요지부동의 힘으로 자리 잡을 것이다. 큰소리로 외치라. 적극적이고 강하게 맞서라. 존 오웬의 말처럼, "죄를 죽이라. 그러지 않으면 죄가 당신을 죽일 것이다." 재빨리, 세게 공격하라. "마귀를 대적하라 그리하면 너희를 피하리라"(약 4:7).

T: 돌아서라(Turn)

최고의 만족을 주시는 그리스도께 돌아서라. 거절하는 것만으로는 부족하다. 방어 태세에서 공격 태세로 전환해야 한다. 불에는 불로 맞서라. 죄의 열등한 약속들에는 그리스도의 우월한 약속으로 공격하라. 성경은 정욕을 "거짓된 욕망"(엡 4:22, 현대인의성경)이라고 말한다. 정욕은 거짓말한다. 그것들이 줄 수 없는 것을 약속한다. 성경은 정욕을 "전에 알지 못할 때에 따르던…… 사욕"(벧전 1:14)이라고 말한다. 어리석은 사람이 정욕에 넘어간다. "젊은이가 곧 그를 따랐으니 소가 도수장으로 가는 것 같고"(잠 7:22). 거짓은 진리에 패한다. 무지는 지식에 패한다. 그것은 영광스러운 진리와 아름다운 지식이 틀림없다. 예수님이 주시는 최고의 약속과 즐거움으로 우리 마음을 채워야 한다. 그런 다음, 정욕을 거절하고 즉시 그 약속과 아름다움으로 돌아서야 한다.

H: 붙잡으라(Hold)

다른 이미지들이 마음속에서 빠져나갈 때까지 그리스도께서 우리 마음에 주시는 약속과 즐거움을 꼭 붙잡으라. "예수를 바라보자"(히 12:2). 많은 사람이 여기서 실패한다. 너무 금세 포기하는 것이다. 사람들은 "그것을 마음속에서 몰아내려고 애썼는데 효과가 없었어요"라고 말한다. 그러면 나는 묻는다. "얼마나 애쓰셨나요? 5분? 10분?" 이 한 가지 유혹을 두고 얼마나 오랫동안 전쟁을 벌였는가? 얼마나 힘써 마음을 훈련했는가? 마음도 근육이다. 격렬한 운동으로 단련할 수 있다. 하나님 나라를 침노하라(마 11:12). 인정사정 보지 말라. 눈앞에 있는 그리스도의 약속을 붙잡고 절대 놓치지 말라. 꽉 잡고 놓치지 말라! 언제까지? 할 수 있는 한 계속 싸우라! 그리스도를 위해 이길 때까지 싸우라. 차고 자동문이 자녀를 덮치려 한다면, 젖 먹던 힘을 다해 그것을 붙잡고 도와달라고 소리칠 것이다. 끝까지 악착같이 붙잡고 있을 것이다. 손이 잘려 나간다 해도 말이다.

E: 즐기라(Enjoy)

최고의 만족을 누리라. 그리스도 안에서 즐거움을 누리는 법을 배우라. 많은 사람이 정욕의 지배에서 벗어나지 못하는 이유 한 가지는 그리스도께 큰 매력을 느끼지 못하기 때문이다. 그리스도 안에서 누리는 즐거움이 없다시피 하기에 거짓에 속아 넘어간다. "그런 즐거움은 나와 안 맞아요"라고 말하지 말라. 예수님에 대한 애정을 일깨우기 위해 몇 단계나 밟아 보았는가? 그 기쁨을 얻으려고 정말로 싸워 보았는가? 태생이 그렇게 안 된다고 말하지 말라. 당신은 전심으로 그리스도를 즐거워하도록 창조되었다. 우리는 성이나 설탕, 스포츠나 쇼핑보다 그분을 더 기뻐할 수 있다. 예수님을 별로 기뻐하지 않는다면, 다른 쾌락이 이길 것이다. 당신이 소유하지 못한 만족을 하나님께 구하라. "아침에 주의 인자하심이 우리를 만족하게 하사 우리를 일생 동안 즐겁고 기쁘게 하소서"(시 90:14). 그런 다음, 온 우주에서 가장 놀라우신 그분을 보고 또 바라보라. 가장 아름다우시고 우리에게 큰 만족을 주시는 그분의 진짜 모습을 볼 수 있을 때까지 계속해서 바라보라.

M: 움직이라(Move)

게으름이나 유혹에 자신을 노출시키는 대신 몸을 움직여 쓸모 있는 일을 하라. 정욕은 한가함이라는 정원에서 빠르게 자란다. 선행을 찾고, 그 일에 온 힘을 쏟으라. "부지런하여 게으르지 말고 열심을 품고 주를 섬기라"(롬 12:11). "견실하며 흔들리지 말고 항상 주의 일에 더욱 힘쓰는 자들이 되라"(고전 15:58). 힘써 일하라. 자리를 박차고 일어나서 무슨 일이든 하라. 청소를 하거나 못을 박거나 편지를 쓰거나 수도꼭지를 고치라. 이 모든 일을 예수님을 위해 하라. 우리는 다스리고 만들기 위해 창조되었다. 그리스도께서는 우리로 "선한 일을 열심히 하게" 하려고 우리를 위해 죽으셨다(딛 2:14). 거짓된 정욕을 버리고 그 자리를 선한 일에 대한 열정으로 채우라.

음란한 생각과 백병전을 벌이는 사이사이, 어떻게든 그리스도의 아름다우심을 보고 맛보는 일에 최선을 다하라. 이것이 승리의 비결이다. "더구나 내가 모든 것을 잃어버린 것처럼 여기는 것은 내 주 그리스도 예수님을 아는 지식이 훨씬 더 가치가 있기 때문입니다"(빌 3:8, 현대인의성경).

사명선언문

너희가 흠이 없고 순전하여……세상에서 그들 가운데 빛들로
나타내며 생명의 말씀을 밝혀 _ 빌 2:15-16

1. 생명을 담겠습니다
만드는 책에 주님 주신 생명을 담겠습니다.
그 책으로 복음을 선포하겠습니다.

2. 말씀을 밝히겠습니다
생명의 근본은 말씀입니다.
말씀을 밝혀 성도와 교회의 성장을 돕겠습니다.

3. 빛이 되겠습니다
시대와 영혼의 어두움을 밝혀 주님 앞으로 이끄는
빛이 되는 책을 만들겠습니다.

4. 순전히 행하겠습니다
책을 만들고 전하는 일과 경영하는 일에 부끄러움이 없는
정직함으로 행하겠습니다.

5. 끝까지 전파하겠습니다
모든 사람에게, 땅 끝까지, 주님 오시는 그날까지
복음을 전하는 사명을 다하겠습니다.

서점 안내

광화문점 서울시 종로구 새문안로 69 구세군회관 1층
02)737-2288 / 02)737-4623(F)

강남점 서울시 서초구 신반포로 177 반포쇼핑타운 3동 2층
02)595-1211 / 02)595-3549(F)

구로점 서울시 동작구 시흥대로 602, 3층 302호
02)858-8744 / 02)838-0653(F)

노원점 서울시 노원구 동일로 1366 삼봉빌딩 지하 1층
02)938-7979 / 02)3391-6169(F)

일산점 경기도 고양시 일산서구 중앙로 1391 레이크타운 지하 1층
031)916-8787 / 031)916-8788(F)

의정부점 경기도 의정부시 청사로47번길 12 성산타워 3층
031)845-0600 / 031)852-6930(F)

인터넷서점 www.lifebook.co.kr